樋口愉美子

暮しの刺繍

Yumiko Higuchi

Embroidery in everyday life

文化出版局

はじめに

『暮しの刺繍』と題した今回の図案集は、
日々の生活のあれこれや催しものに行楽、
おいしいものに楽しいものなどの
季節のテーマを詰め込んだ一冊です。

もととなるのは以前、文化出版局の婦人雑誌『ミセス』で
連載された「暮しのステッチ」。
そしてその連載を引き継ぎ、新たな図案を含めて
一冊の書籍として構成しました。

『ミセス』は母の愛読していた雑誌でもあり、
私にとっても憧れの人や物事や場所が載っていて、
写真もスタイリングも言葉選びも美しく、
毎号が見応えある素敵な大人の雑誌でした
（1961年9月創刊、2021年4月号をもって休刊）。

担当した私の刺繍の連載は延べ1年と4か月。
短い期間でしたがとても充実していました。
連載の取り組みには憧れの気持ちを大事にし、
工程すべてに愛着と誠意を込めて進めました。
引き継いだ今回はさらに夢中で制作し、
いつも以上に手間を惜しまず刺しています。

描いた図案は私からの願いの提案です。
病や争いなど多難なことが続く時代でしたが
穏やかな暮しに大切なモチーフを集め
おままごとをするように遊んで並べて、
色や形を工夫し、微笑ましい雰囲気を与えて、
来る月々を喜び祝う想いで描いています。

暮しの中には表現したいものが溢れていて、
制作意欲と願いや想いは尽きません。
『ミセス』に学んだ多くの美意識を踏まえて
豊かで潤いのある暮しを、ステッチを続けます。

樋口愉美子

Contents

ご注意：本書で紹介した作品の全部または一部を商品化して、販売することは禁止されています。手作りを楽しむためにご利用ください。

September

October

November

December

Kadomatsu 門松 / Page 64

新年を祝う日本の伝統飾りや雪の中でたくましく咲く花々、
元気いっぱいの子どもたち。
吉兆をはこぶ図案で新しい年を祝いましょう。

Japanese New Year's decorations 正月飾り / *Page 70, 99*

橙、梅、松、竹、稲、うらじろの葉、ゆずりは、南天。
新春らしく縁起のよい植物を配置した刺繡枠のしめ飾りです。

Adonis ramosa 福寿草 / Page 71

Snowball fight 雪合戦 / *Page 72*

Camellia 椿 / Page 64

雪が溶けはじめ、春を告げる鳥たちのさえずりも聞こえる頃。
2月は胸弾むバレンタインデーの季節です。

Birds singing in spring 春を歌う鳥 / *Page 73*

Bouquet of tulips チューリップのブーケ / Page 74

Baking sweets お菓子づくり / Page 75

Cherry tree 桜の木 / Page 65

満開の桜の花は散る姿も愛おしく感じます。
この美しい瞬間を目に焼きつけて、春の訪れを祝いましょう。

Hinamatsuri ひなまつり / *Page 76*

Violet garden　すみれの庭 / Page 74

Sachet すみれのサシェ / Page 74, 99

小さくて優しい色合いのすみれの花。
お好みの香りを閉じ込めて、贈りものにしても喜ばれそうですね。
手縫いでも作れます。

Herb flowers ハーブの花々 / *Page 65*

新学期を迎える準備や復活祭に庭仕事。
忙しくもありますが、たくさんの植物が芽吹く気持ちのよい季節です。

Easter eggs イースターエッグ / Page 77

Gardening 庭仕事 / *Page 78*

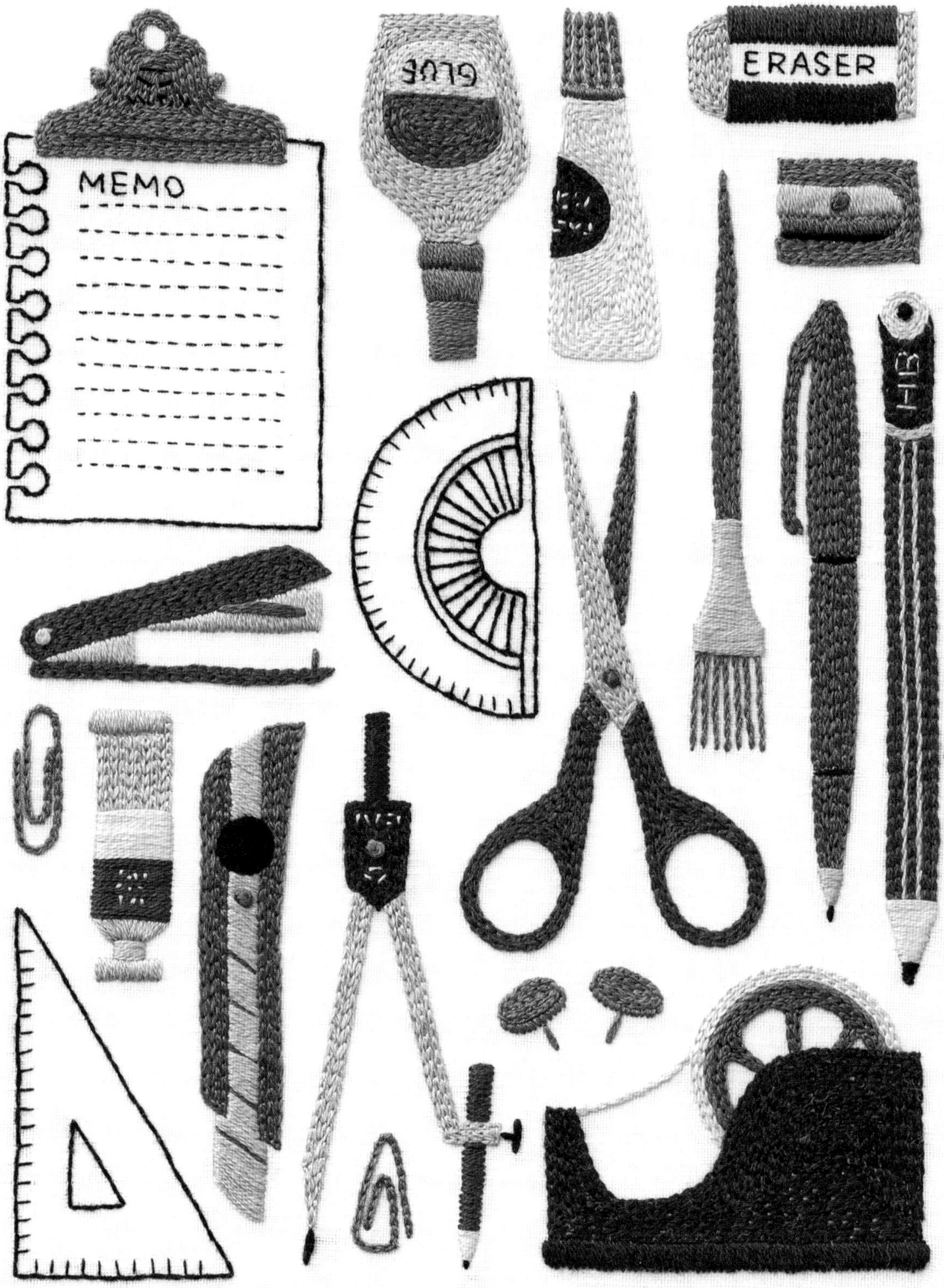

Stationeries 文房具 / *Page 79*

Bonsai plant 盆栽 / *Page 66*

新緑が美しく心地よい季節。5月は何といっても大型連休があるので、
旅行やイベントを楽しむ図案をそろえました。

Travel 旅行 / Page 80

Spring wreath 春のリース / Page 81

“Koinobori” tapestry 鯉のぼりのタペストリー / Page 82, 100

5月5日は日本の行事「こどもの日」。
子どもの成長を願う鯉のぼりをタペストリーに仕立てて、
祝い飾りにいかがでしょう。

Lily of the valley and hydrangea スズランとアジサイ / Page 66

梅雨の季節。おうちで楽しむティータイムや
五月雨の中に咲く花々やつややかな緑など、
潤いのある図案たちを楽しんで。

Passion flower wreath 時計草のリース / Page 83

Wedding ウェディング / Page 84

Tea time ティータイム / Page 85, 100

森の中での秘密のティータイム。おいしいデザートも刺繍して、
どこまでも広がる楽しいファブリックパネルです。

Tanabata 七夕 / Page 67

本格的な夏の訪れ。七夕をはじめ伝統的なお祭りが多いこの季節。
星空を楽しみながらのお酒も格別ですね。

Cocktails カクテル / Page 86

Cactus pattern サボテン / Page 87

Blue flowers in summer サマーブルーフラワー / Page 87, 99

キキョウ、ブルースター、アメリカンブルー。
夏の青い花を小さな円にギュッと詰め込みました。
さわやかな風を感じて。

Hibiscus　ハイビスカス / *Page 67*

暑さ厳しい8月。旬の食べもので猛暑に負けない体づくりを。
珊瑚や夏野菜など色鮮やかなモチーフを楽しんでください。

Coral forest 珊瑚の森 / Page 88

Summer foods 夏の食材 / *Page 89*

Triangular pot holder ロブスターの三角鍋つかみ / Page 89, 101

帽子のような三角形がかわいらしい鍋つかみ。
熱くなった鍋の蓋も楽々つかめます。

Full moon night 十五夜 / *Page 68*

暑さがやわらいで、時おり吹く風に秋の気配を感じる季節です。
虫の声に耳をすませ、草木のようすを愛でましょう。

Sewen flowers of autumn 秋の七草 / *Page 90*

Musical instruments 楽器 / Page 91

Lesson bag レッスンバッグ / Page 101, 103

Lesson の文字と好きな楽器の刺繍を、シンプルなトートバッグに。
楽譜など大きめの本が入る使い勝手のよいバッグです。

Osmanthus　金木犀 / *Page 68*

豊かで実りある秋の季節。
あたたかみのある色合いのくだものや植物の図案を
集めました。

Pumpkin field カボチャ畑 / Page 92

Pear pattern 洋梨 / Page 93, 100

熟れた洋梨を渋めの色合いで表現したパターン。
ファブリックパネルに仕立てて、
お部屋にぬくもりをプラスしては。

Cosmos 秋桜 / Page 69

冷たい北風と少しずつ色づく木々に、秋が深まる頃。
読書や編みもの、あたたかな家での時間を楽しみましょう。

Autumn wreath 秋のリース / Page 94

Stay home time　おうち時間 / *Page 95*

Book cover of fallen leaves 落ち葉のブックカバー / Page 92, 102

読書の秋に。栗や落ち葉をたくさん並べた、
シックな色合いのブックカバーです。

Snow globe Christmas tree スノードームのクリスマスツリー / Page 69

雪降る季節。手編みのミトンにスノードーム、
くるみ割り人形など、
クリスマスを楽しむモチーフで刺繍を楽しみましょう。

Mittens　手編みのミトン / *Page 96*

Ribbon brooch リボンのブローチ / *Page 97, 102*

クリスマスらしい植物やモチーフを集めて、
小さな小物に仕立てました。
季節のプレゼントにいかがでしょう。

Christmas botanical ring pillow
クリスマスボタニカルのリングピロー / *Page 98, 103*

Nutcracker くるみ割り人形 / *Page 97, 99*

Tools 道具のこと

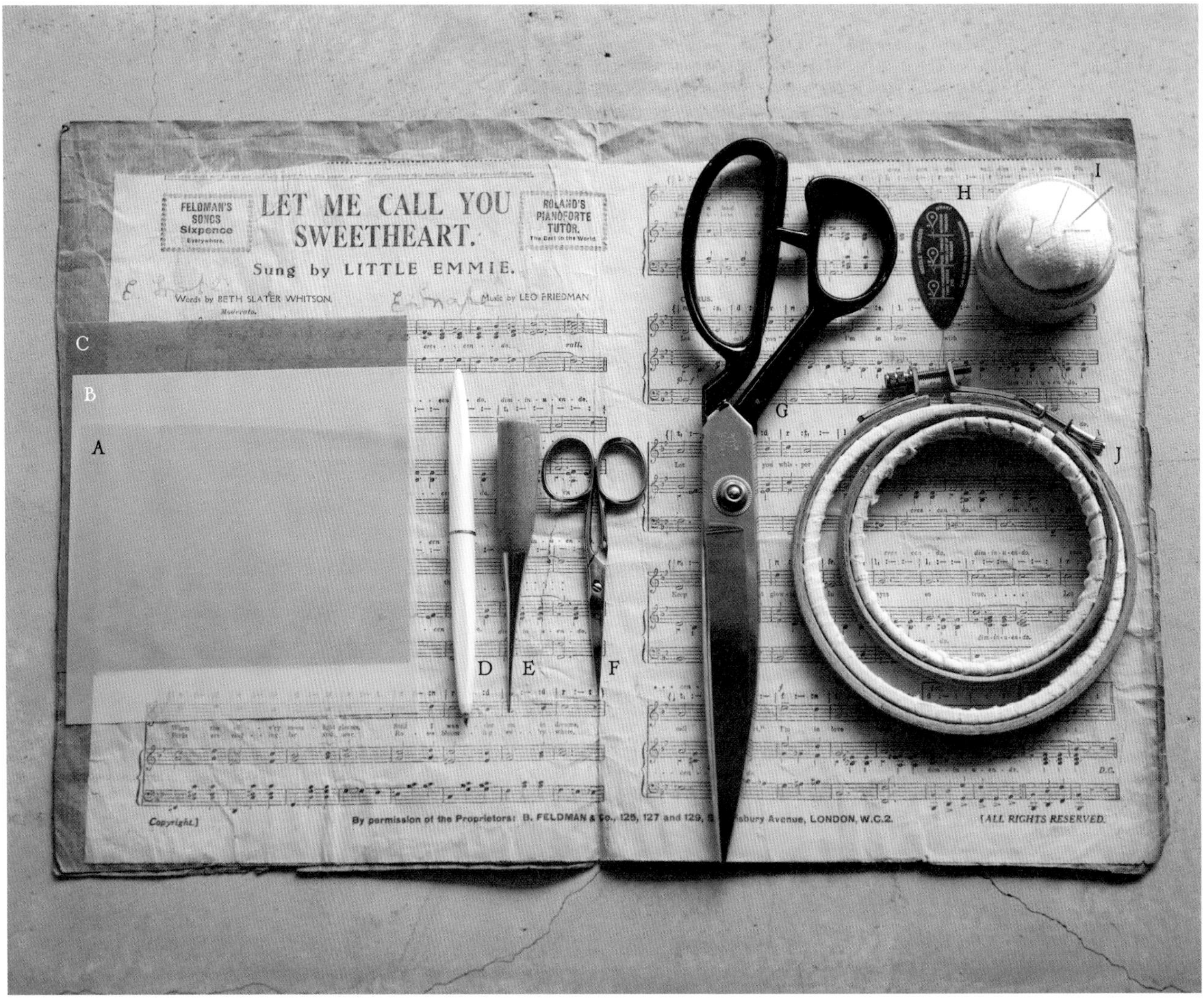

A セロファン
トレーシングペーパーが破れないよう、図案を布地に写すときに使います。

B トレーシングペーパー
図案を写すための薄い紙。

C チョークペーパー
図案を布地に写すための複写紙。写した線は水をつけると消えます。黒など濃色の布地に写す場合は白いものを使って。

D トレーサー
図案をなぞって布地に写すときに使用します。ボールペンなどで代用可能です。また、ライトボックスを使用して写すときは、熱で消えるペンを使用します（p.61参照）。

E 目打ち
刺し直しをしたいとき、糸をほどくのにあると便利です。

F 糸切りばさみ
先のとがった刃の薄いタイプが使いやすいでしょう。

G 裁ちばさみ
切れ味のよい布専用のはさみを用意しましょう。

II 糸通し
糸を針穴に通すときにあると便利です。

I 針＆ピンクッション
針穴が細長い、フランス刺繍用の針を使います。糸の本数によって適した太さがあります。

J 刺繍枠
布をピンと張るための枠。持ったときに中央まで指が届くくらいの、直径10cm程度の小さめのものがおすすめです。大きめの図案は刺繍枠をずらしながら刺しましょう。布を刺繍枠に張る際は、とめ具をしっかり締めます。締め方がゆるいと、布がたるんで余計なシワができてしまうことも。また、ひと手間かけて、バイアスに裁った白い布を内枠に巻いておけば、布がゆるみにくくなります。

Materials 材料のこと

刺繍糸

この本に掲載している作品はすべて、25番刺繍糸で刺繍しています。刺繍糸の中で最もポピュラーな6本どりの糸。フランスのメーカー DMCのもので、鮮やかな発色と艶のある質感が美しい刺繍糸です。

布

作品はリネンに刺繍しています。平織りの布は刺繍しやすく、洗濯ができ、手ざわりもよいので、刺繍を楽しむのにぴったり。リネンは生地を裁つ前に水通し、布目が均等になるよう整えてから陰干しします。乾ききらないうちに優しく押さえるようにアイロンをかけるとよいでしょう。また、アップリケにはキャンブリックなどの薄手のコットン地を、雑貨作品のうち鍋つかみには裏布としてクッション性のあるキルティング地を使っています。

糸どりと針の目安

糸の本数によって針を替えると、とても刺しやすくなります。布の厚さによっても変わります。

25番刺繍糸	フランス刺繍針
6本どり	No. 3・4
3・4本どり	No. 5・6
1・2本どり	No. 7～10

＊針はクロバーのもの

基本のステッチ

Straight stitch
ストレート・ステッチ

1針で刺す単純なステッチ。糸の向きや長さ、糸の本数や並べ方でさまざまな表情を出すことができます。

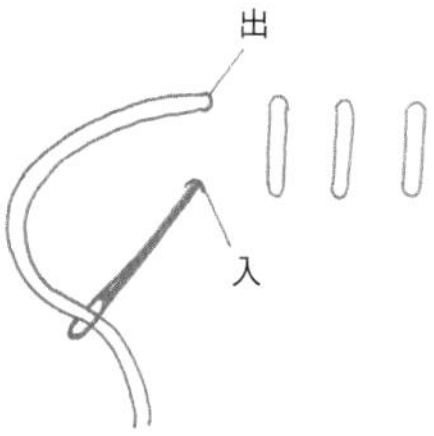

Running stitch
ランニング・ステッチ

点線を描くステッチ。針目の長さと間隔を均等に刺していくと美しい仕上りに。

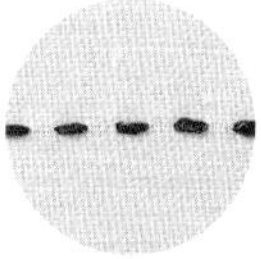

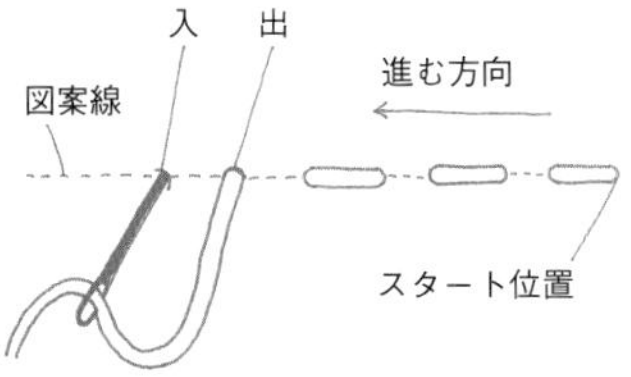

Back stitch
バック・ステッチ

ミシン目のような仕上りのステッチ。返し縫いの要領で1針ごとに戻りながら刺していきます。

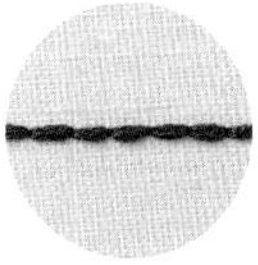

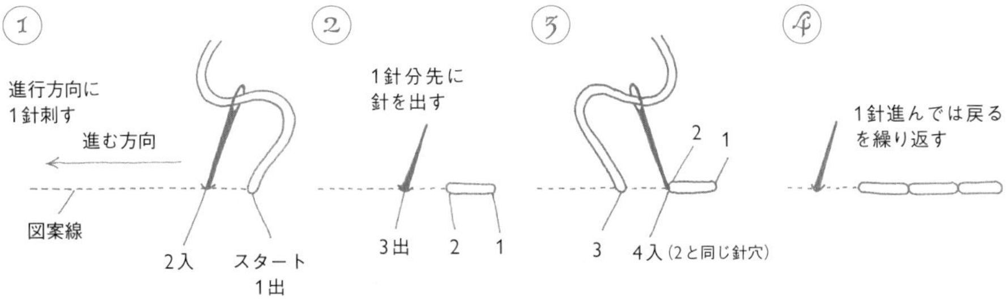

Outline stitch
アウトライン・ステッチ

線を描く代表的なステッチ。輪郭線や植物の茎などによく使用します。糸の本数によって太さが調整できます。

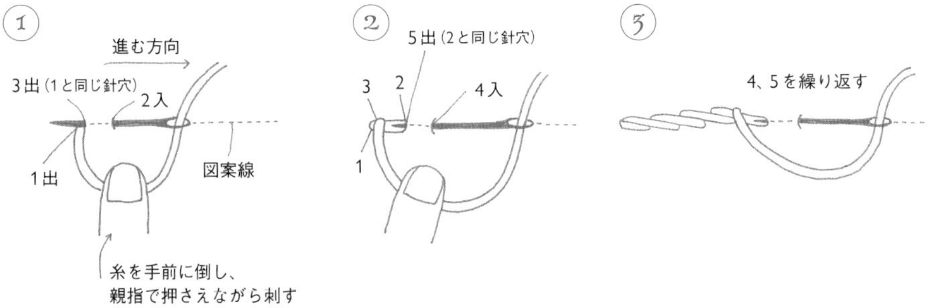

Chain stitch
チェーン・ステッチ

鎖のように輪をつなげて刺すステッチ。太めの線が描け、すきまなく並べると面を埋めることができます。

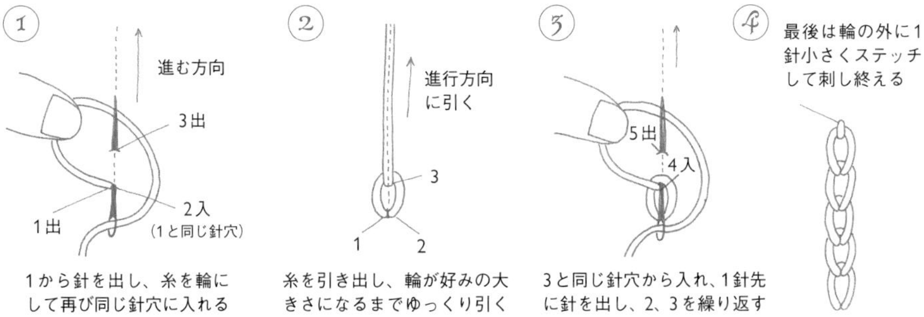

Lazy daisy stitch
レゼーデージー・ステッチ

チェーン・ステッチを1目だけ刺したステッチ。小さな花びらや葉などを描くときに。本書ではストレート・ステッチとの組合せでよく登場します。

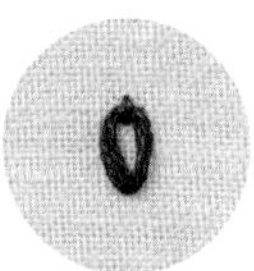

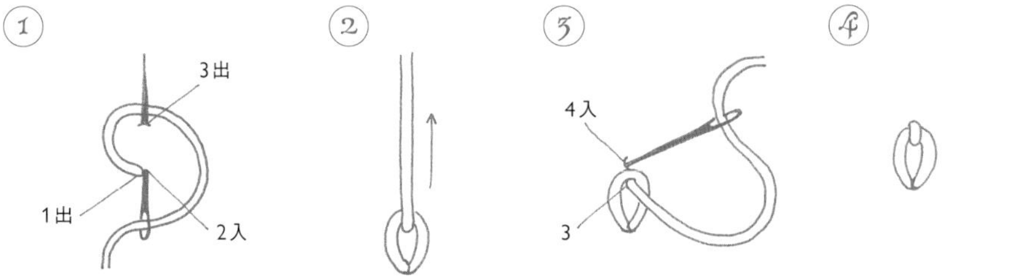

Lazy daisy stitch + Straight stitch

レゼーデージー・ステッチ＋ストレート・ステッチ

レゼーデージー・ステッチの上に1～2回糸を渡して、ボリューム感のある楕円を表現。小さな花びらや葉や実など使い方はさまざまで、糸の本数で大きさを調整します。

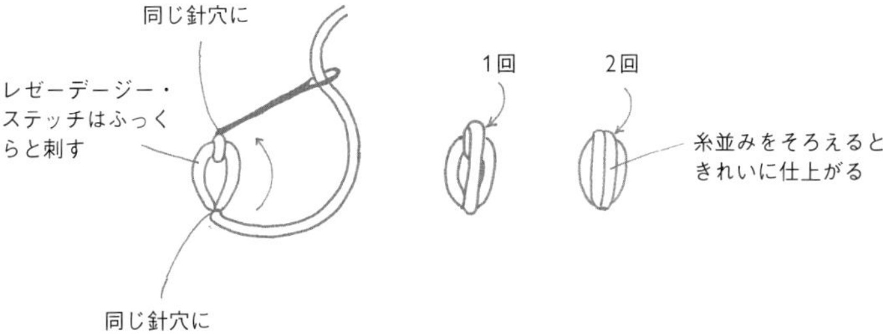

French knot stitch

フレンチナッツ・ステッチ

小さな結び目を作るステッチ。基本は2回巻きにし、大きさは糸の本数で調整します。花の蕾や実、動物の目などに用います。面を刺し埋めることもできます。つぶれやすいので仕上げに刺しましょう。

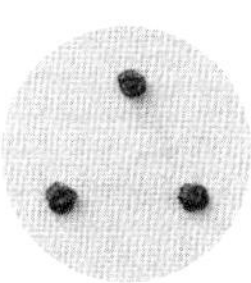

① 刺し始めの1から糸を出し、針先に糸を2回巻きつける

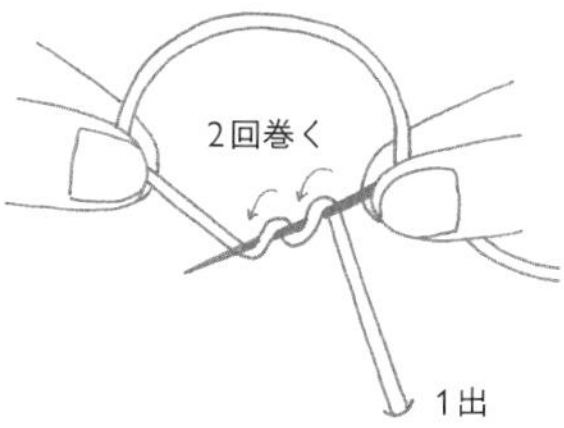

② 巻いた糸が抜けないように指で押さえながら、2に針先を入れる

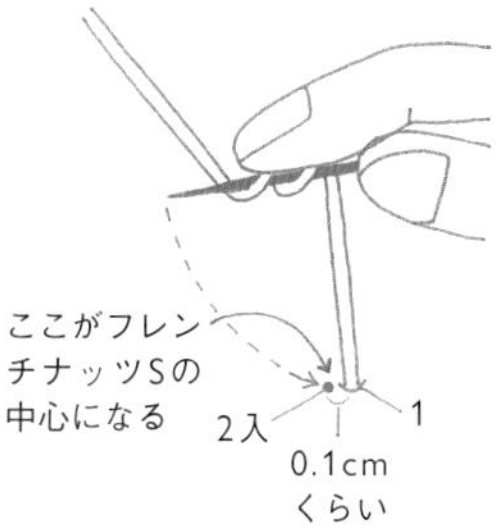

Point
裏に玉結びがある場合は、巻き込まないように注意しましょう。

③ 針先を入れたまま針を垂直に立てて、糸を根もとまで引き締める

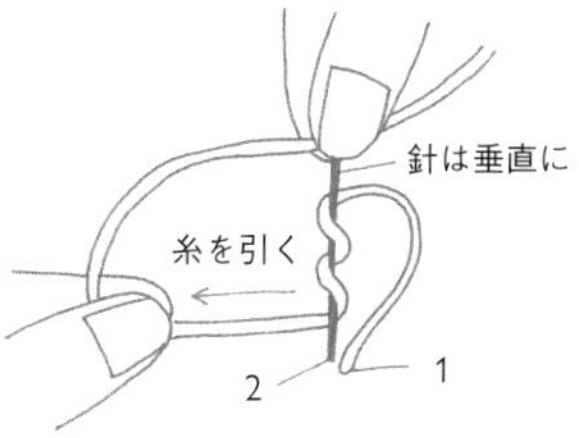

④ 糸がゆるまないように指で押さえながら、ゆっくり針を裏に出しきる

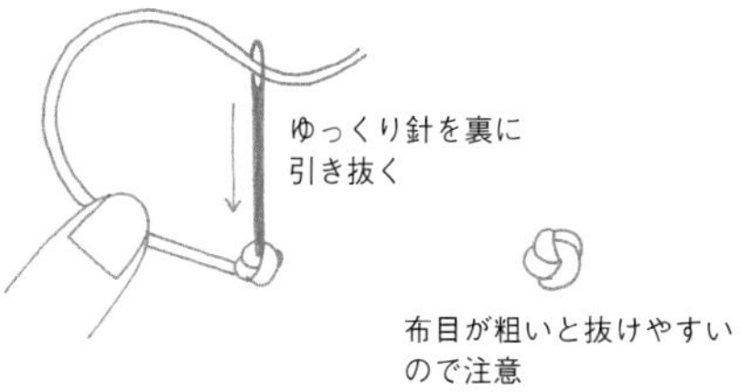

Satin stitch

サテン・ステッチ

ストレート・ステッチを並行に渡して、面を埋めるステッチ。糸がよれないよう糸並みをそろえて刺すと美しい仕上りに。

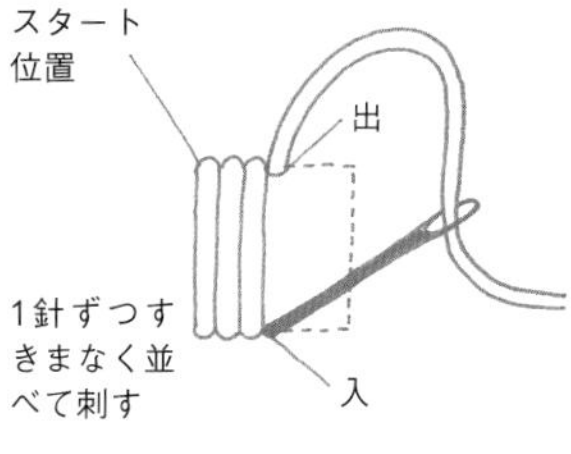

小さな葉

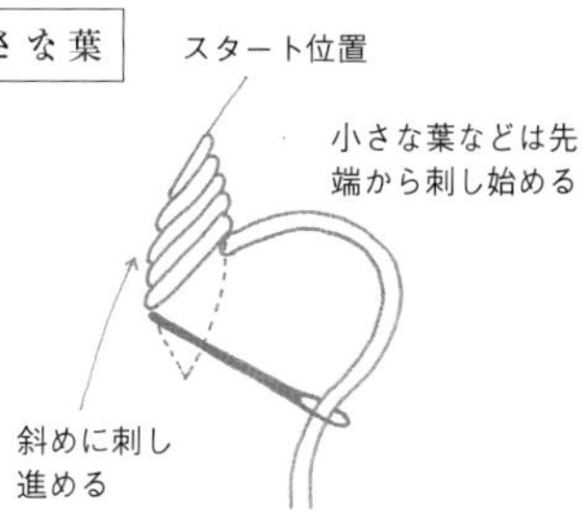

Long & short stitch

ロング＆ショート・ステッチ

長・短のステッチを中心に向かって放射状に並べて面を埋めるステッチ。扇形の花びらなどに用います。

①

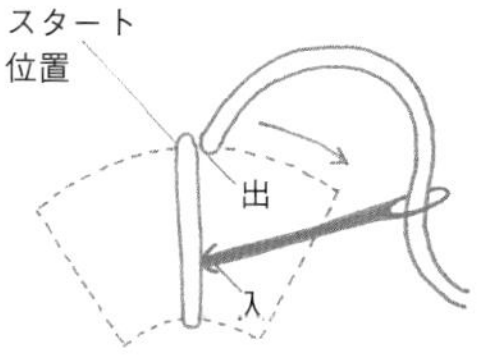

中央に1目刺し、長い、短いを繰り返す

②

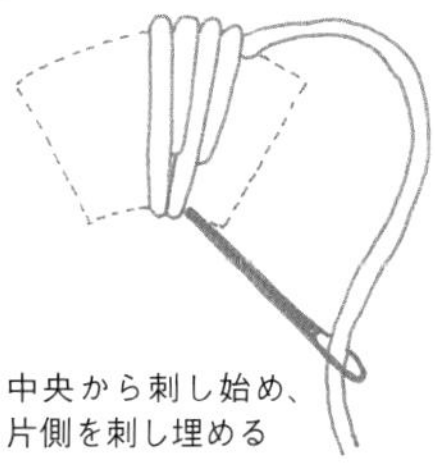

中央から刺し始め、片側を刺し埋める

③

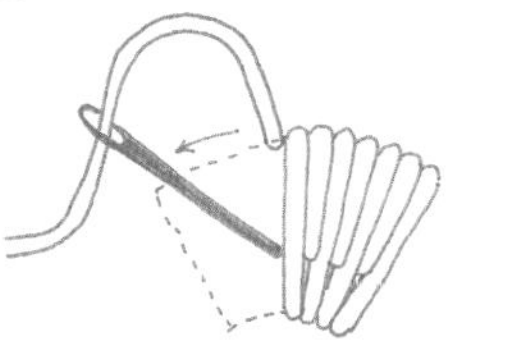

残り半分を刺し埋める

ステッチのコツ

● アウトライン・ステッチで直角を描く

① ステッチを刺し進め、角で一度刺し終える

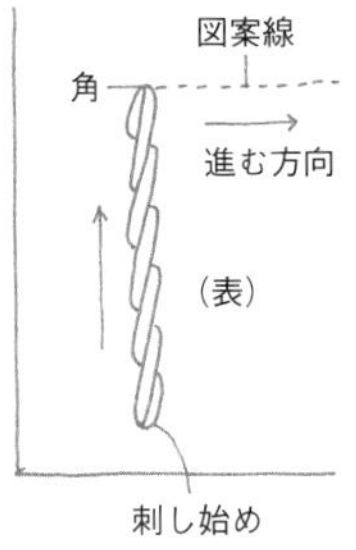

② 角に針を入れたら、布を裏返して針目に針をくぐらせる

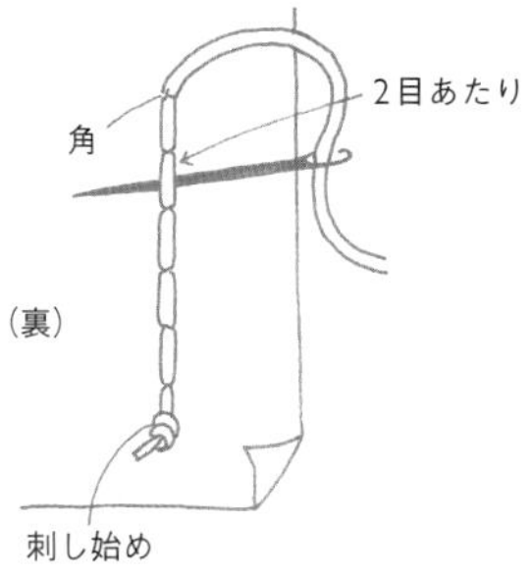

③ 角から表に針を出す

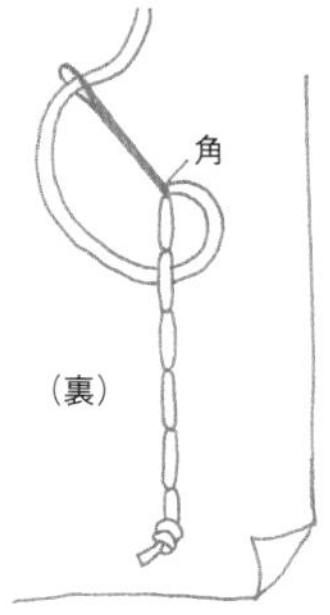

④ 布を表に返し、角から次の辺を刺し始める

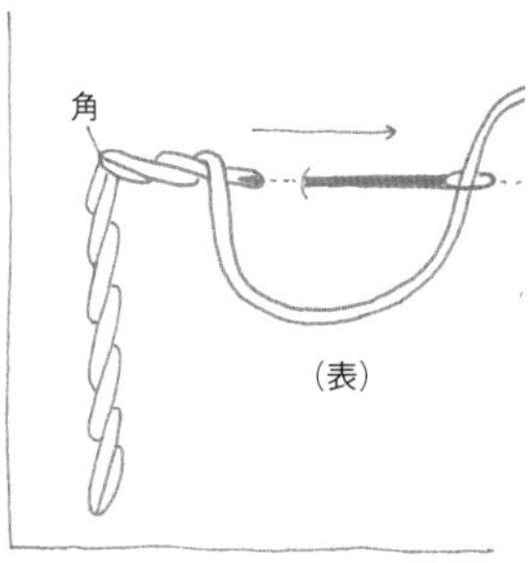

● アウトライン・ステッチでカーブを描く

● アウトライン・ステッチで鋭角を描く

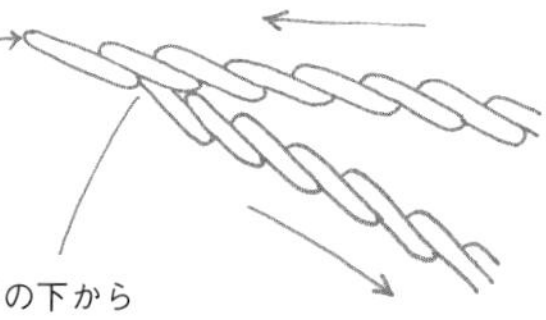

● チェーン・ステッチで直角を描く

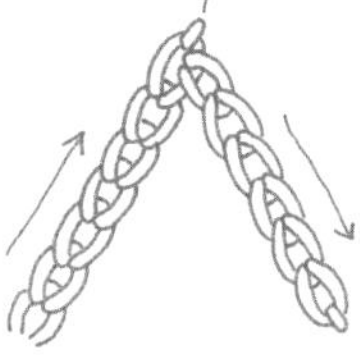

● チェーン・ステッチで鋭角を描く

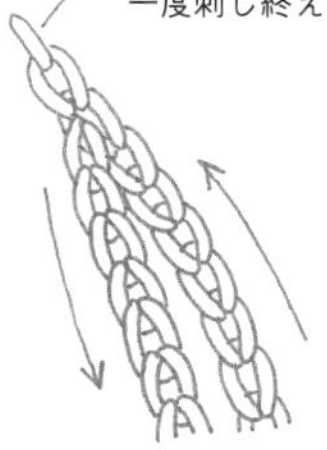

● チェーン・ステッチをきれいにつなげる

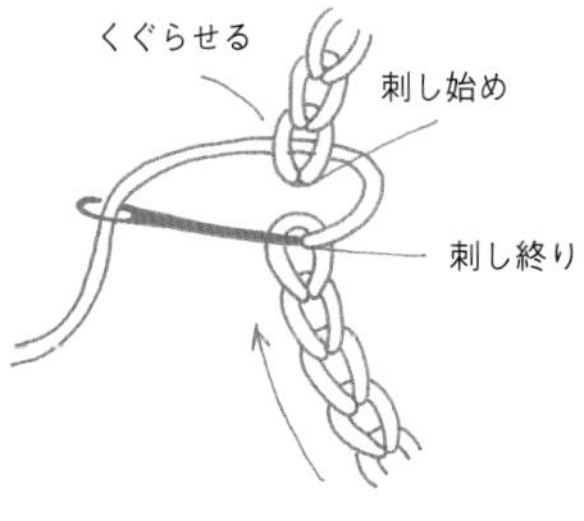

刺し終りの鎖を刺す際に、刺し始めの鎖に糸をくぐらせて終えると輪郭がきれいにつながる。

● チェーン・ステッチで面を埋める

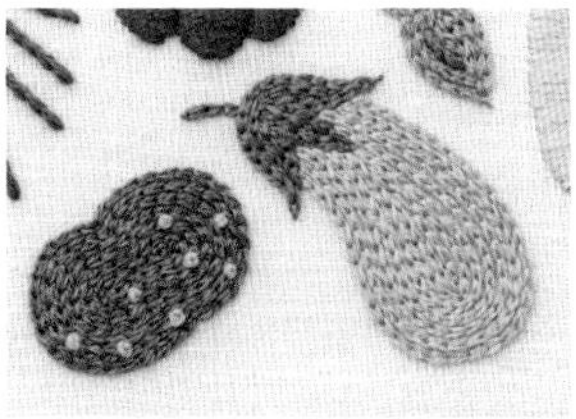

チェーン・ステッチで面を埋める際は、まず先に図案の輪郭線を刺してから、内側へと刺し進める。すきまなく刺し埋めると美しく仕上がる。

Point
すきまができてしまったら、そこをアウトライン・ステッチで埋めると目立ちにくくなります。

Point
左のジャガイモのようにステッチを重ねる場合は、地のチェーン・ステッチを先に刺しましょう。

● サテン・ステッチの面を埋めるコツ

円 ①

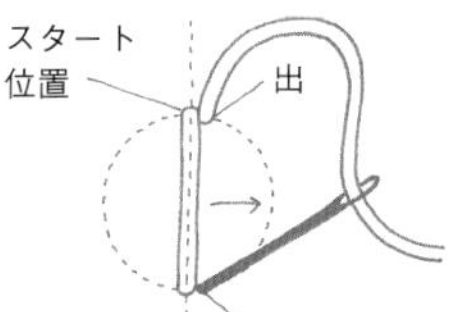

まず、中央に基準になる1針を刺し、片側を刺し埋めていく

②

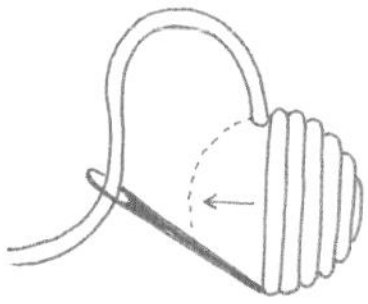

残りの半分も刺し埋める

大きな葉

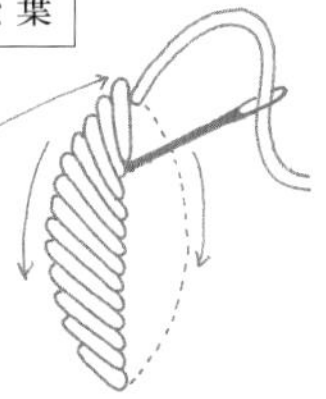

葉も中央から片側ずつ刺し埋める

＊葉の中央に葉脈がある場合は、葉脈を先に刺しておく

● サテン・ステッチをより立体的にする

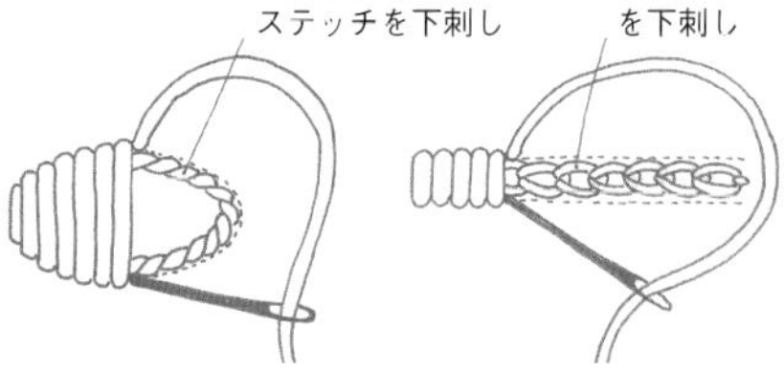

アウトライン・ステッチなどの線のステッチで下刺しすると、ふっくらした仕上りになる。形がよれにくく、サテン・ステッチが苦手なかたや初心者にはおすすめの方法。下刺しする糸は、同色の糸で2本どりくらいがよい。

● ロング&ショート・ステッチの面を埋めるコツ

立体感を出す

輪郭にアウトライン・ステッチを下刺しするとより立体的になる。

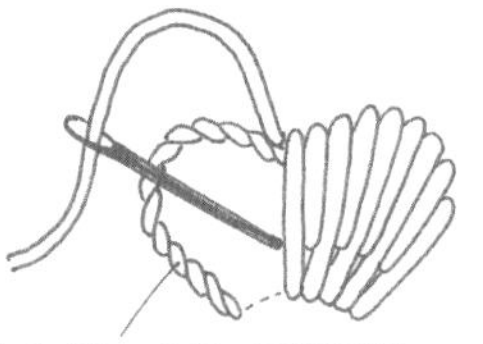

複雑な形

複雑な形の場合は、サテン・ステッチを交えて刺し埋める。

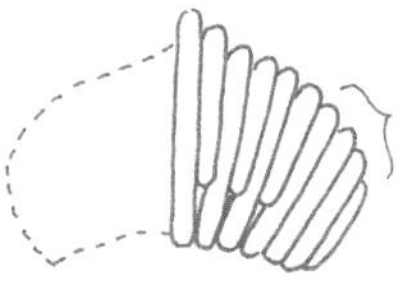

刺繡の基本

● 図案を写す

布地に図案を写す際は、布をアイロンで整えてから①～④の順に重ねます。まち針で周囲をとめてトレーサーで図案をなぞります。濃い色の布地を使う際は、白色のチョークペーパーがおすすめ。

ライトテーブルを使った写し方

ライトテーブルの代りに窓で透かして写しとることもできます。その際は、トレーシングペーパーと布地をマスキングテープで窓に貼りつけて透かしましょう。

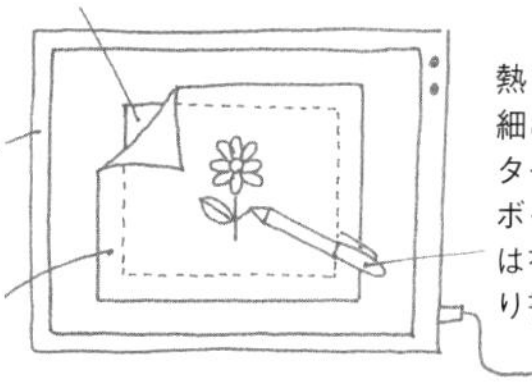

大きな図案を写すのに便利な方法。①、②の順に重ね、まち針でとめる。ライトテーブルの上に置き、熱で消えるペンでなぞって布に写しとる。厚手や濃い色の布地は透けにくいので基本の方法で写す。

● 布端の処理

刺している間に布地がほつれないよう布端を処理しておくと作業もスムーズです。処理の方法は、4辺の布端をざっくりとかがっておくか、すぐに刺し終える図案の場合はピンキングばさみで裁ってもよいです。

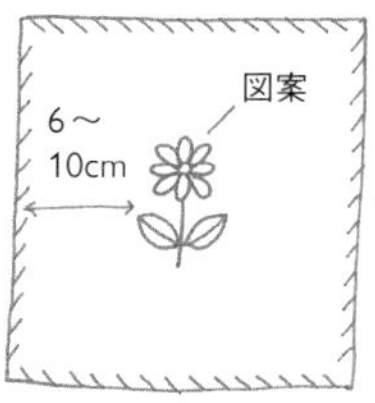

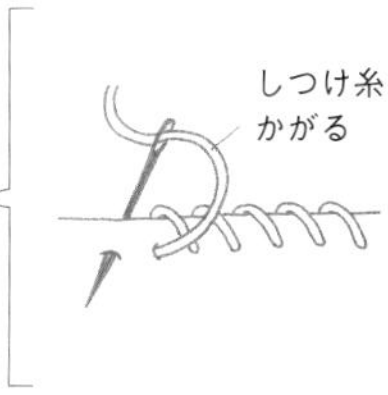

Point

準備する布は刺繡枠をはめられるよう、図案より6～10cmくらい余白をとるとよいでしょう。

● 糸の扱い方

①

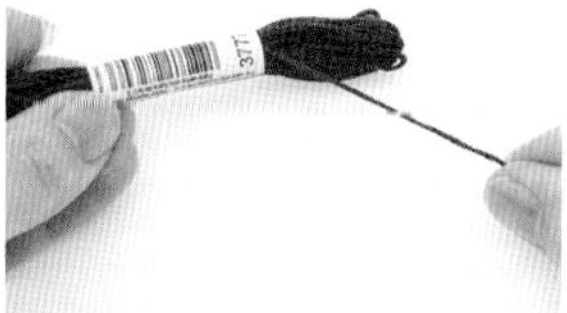

束の下側にある糸端を指でつまんで、60cm程度引き出して糸を切る

②

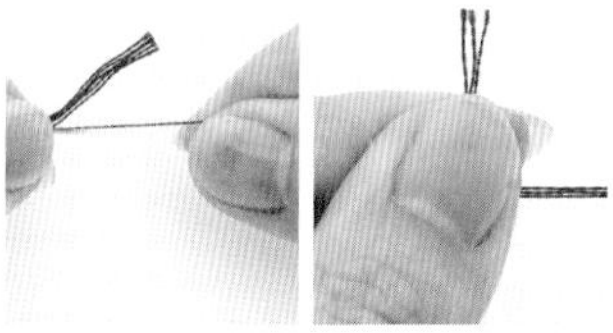

1本ずつ必要な本数を引き出して、再度そろえると、刺したときに糸並みがそろう

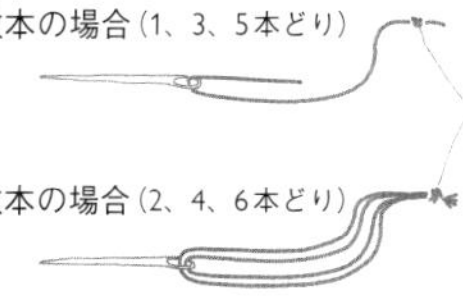

奇数本の場合は必要な本数の糸を針穴に通し、片端に玉結びする。偶数本の場合は必要数の半数（"4本どり"なら2本）を針穴に通し、両端を合わせて玉結びする。

● 始めの玉結び

1 針に糸を通したら、糸端に針を重ねる

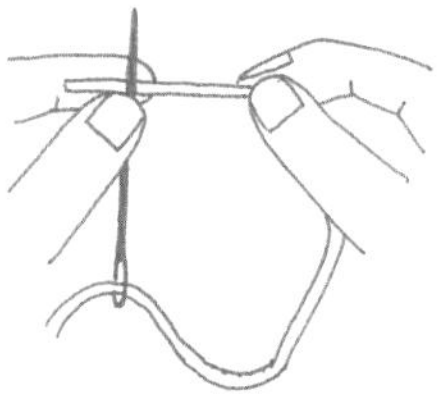

2 針先に糸をくるくると2回巻きつける

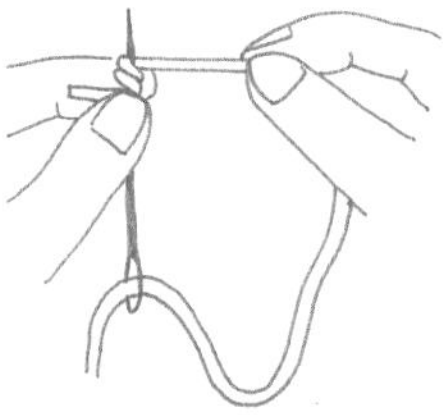

3 糸を巻いた部分を指先で押さえながら、針をゆっくり引き抜き、結び玉が糸端にいくまで引く

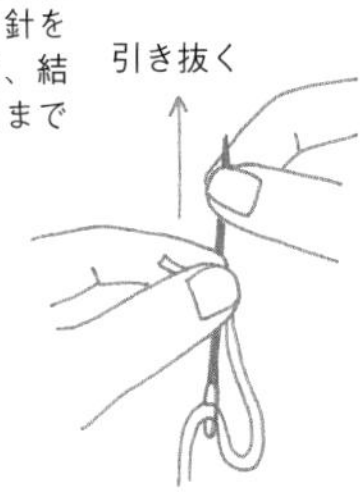

4

● 終りの玉止め

1 ステッチが終わったら布を裏返し、ステッチの終りの根もとに針を当て、指で固定する

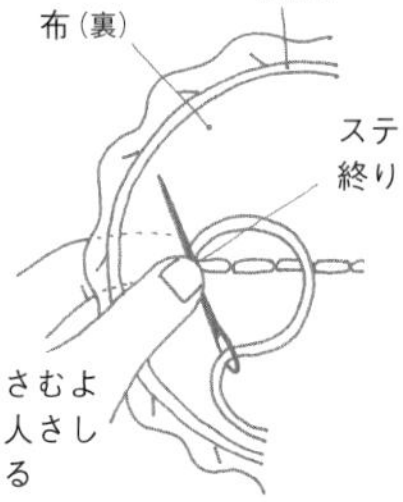

2 針先に糸を2回巻きつける

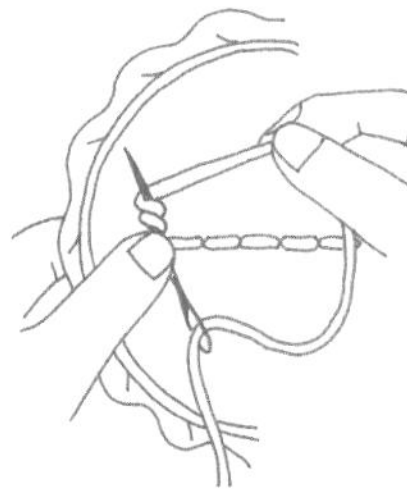

3 糸を巻いた部分を指先で押さえながら、針をゆっくり引き抜く

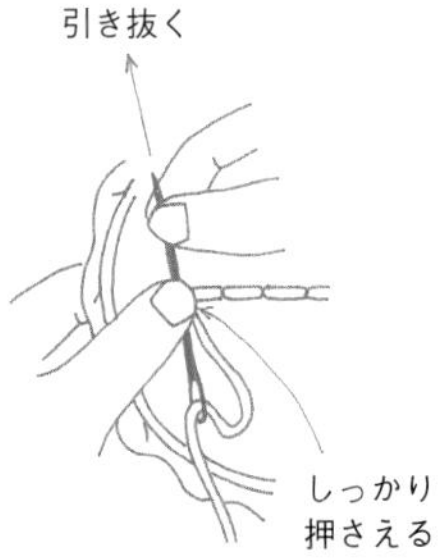

4 余分な糸をカットする

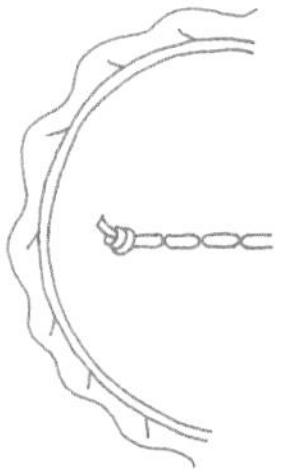

● 裏面を美しく仕上げる刺し始め&刺し終り

刺繡が上達してきたら、裏側も美しく仕上げましょう。

線を描くステッチ

《刺し始め》

1 スタート位置手前の図案線上に、小さく数針刺す

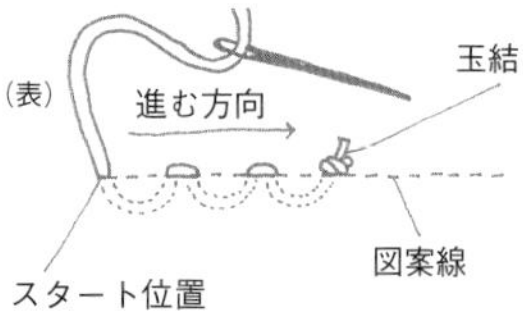

2 1の針目を踏むようにステッチを進める

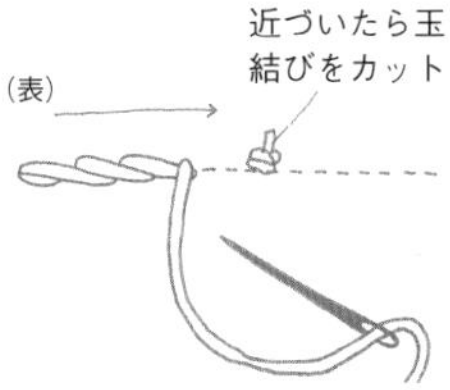

《刺し終り》

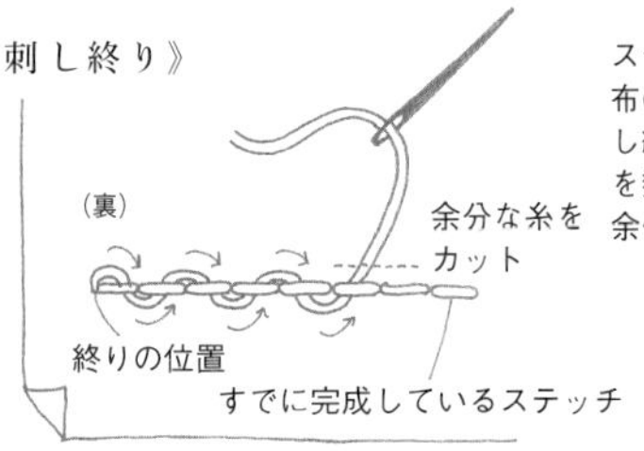

ステッチが終わったら布の裏に針を出し、刺し終えたステッチに糸を数回からませてから余分な糸を切る

面を描くステッチ

《刺し始め》

1 スタート位置に向かって図案線内に小さく数針刺す

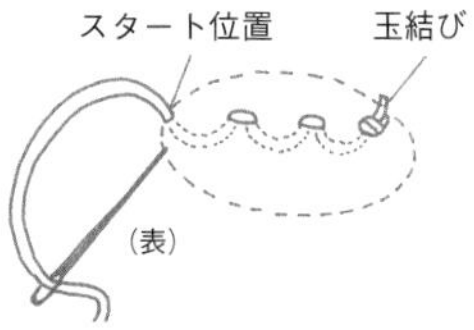

2 1をおおうようにステッチを進める

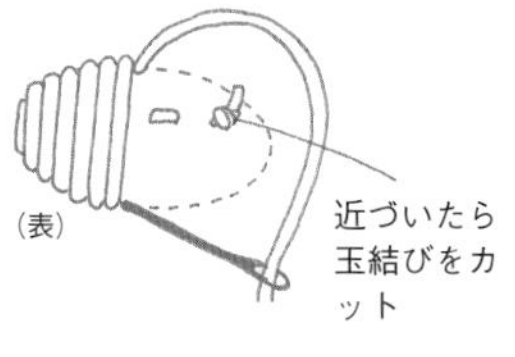

《刺し終り》

1

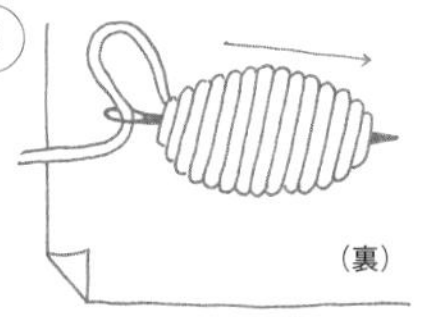

裏面に針を出し、ステッチの下に針を通して糸を引き出す

2

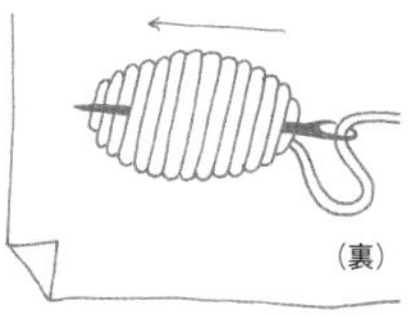

糸を1目とばしてから反対方向に針を通し、余分な糸端を切る

● 糸を替えるとき

糸を替えたいときや枝から茎を出すときなど、すでに完成したステッチが近くにある場合は、裏のステッチに糸を数回からめます。

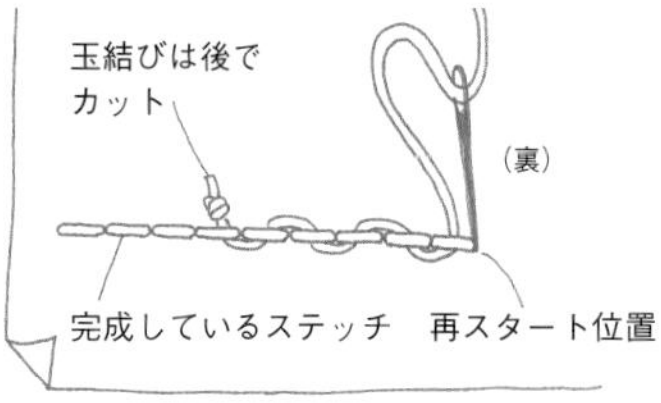

刺繍図案&雑貨
刺し方と作り方

＊図案内のSはステッチの略、（ ）内の数字は糸の本数、番号はDMC25番刺繍糸の色番号です
＊雑貨の作り方で使っている、指定のない数字の単位は「cm」です

作品が完成したら

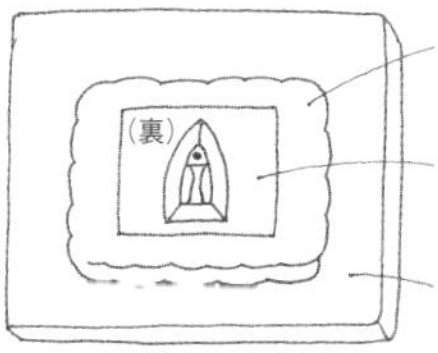

① 図案の印を消す（水で消えるタイプの場合）
布の裏側から霧吹きをかけ、ステッチからはみ出た印を消す。細かい部分は水をつけた綿棒で濡らすとよい

② アイロンを当てる
印が消えたのを確認してから、裏から優しくアイロンを当てる。立体的なステッチはつぶれやすいので、作品の下にタオル敷いて上からアイロンを当てるとよい。印が残ったままアイロンを当てるとインクが定着するので注意！

コの字とじ

雑貨を作る際に、返し口を縫いとじる方法。
縫い目が小さいので目立たずきれいに仕上がる

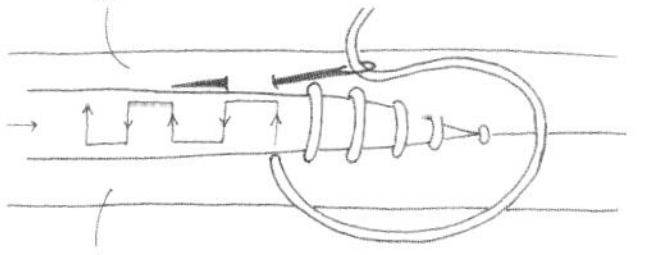

コの字を描くように、折り山部分を針ですくうように刺す

Monthly emblems

Kadomatsu 門松 / *Page 6*

◎DMC25番刺繍糸──223, 310, 738, 829, 986, 3052
＊指定以外はアウトラインS
＊指定以外は2本どり
＊(　)の中の数字は糸の本数

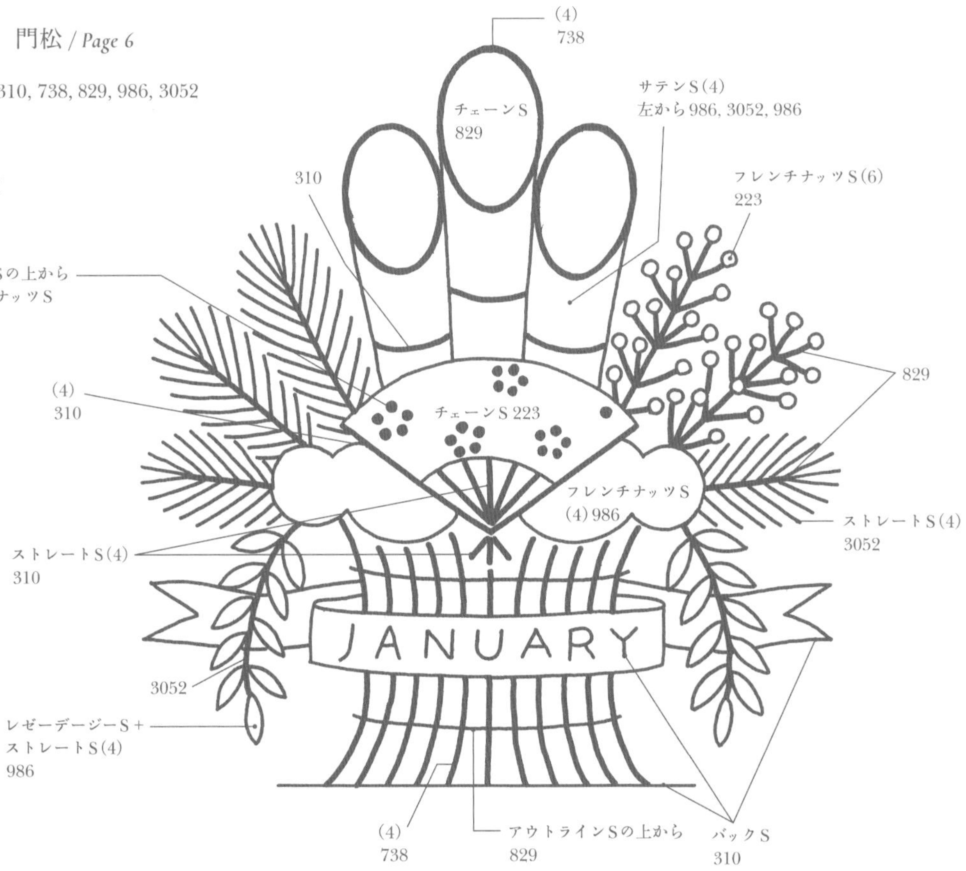

Camellia 椿 / *Page 10*

◎DMC25番刺繍糸
──22, 310, 319, 610, 832, 834, 3842, 3865
＊太線部分はアウトラインS(2)
＊指定以外はサテンS(4)
＊(　)の中の数字は糸の本数

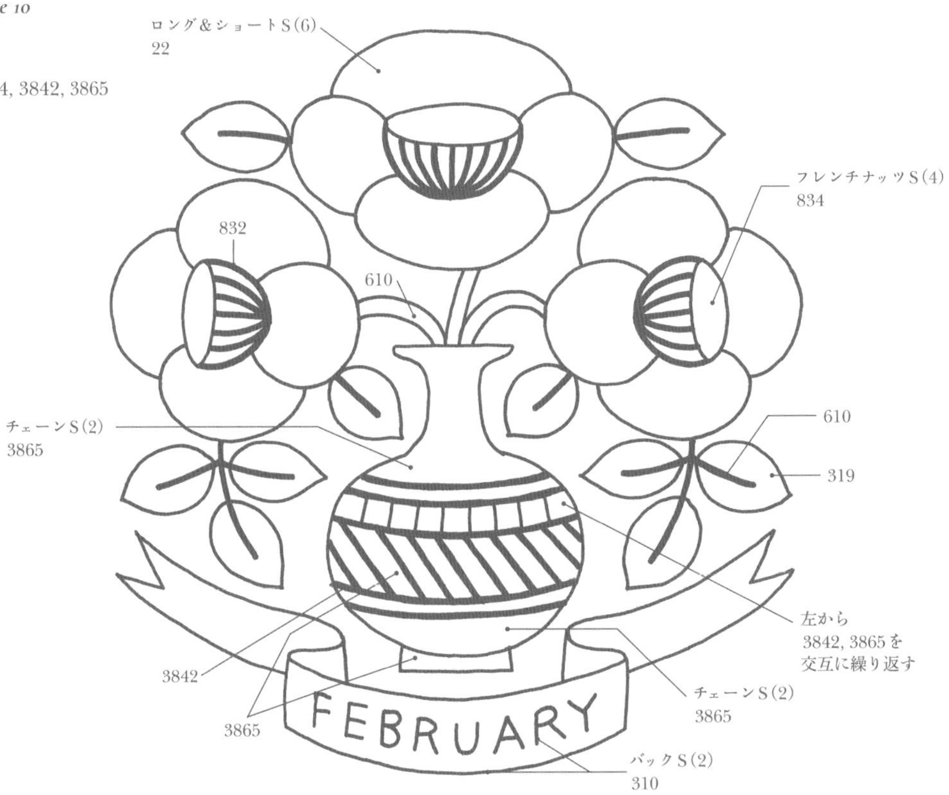

Cherry tree 桜の木 / *Page 14*

◎DMC25番刺繍糸
──310, 819（2束）, 844, 3354（2束）
＊（　）の中の数字は糸の本数

Herb flowers

ハーブの花々 / *Page 18*

◎DMC25番刺繍糸
──32, 310, 320, 470, 632, 699, 987, 3772, 3865
＊茎はすべてアウトラインS（2）320
＊指定以外はサテンS（4）
＊指定以外は4本どり
＊（　）の中の数字は糸の本数

Bonsai plant　盆栽 / *Page 22*

◎DMC25番刺繡糸
──501（2束）, 824, 3371, 3790, 3865
＊指定以外はチェーンS（2）
＊指定以外は2本どり
＊（　）の中の数字は糸の本数

Lily of the valley and hydrangea

スズランとアジサイ / *Page 26*

◎DMC25番刺繡糸──310, 318, 895, 3346, 3750, 3865
＊指定以外は6本どり
＊（　）の中の数字は糸の本数

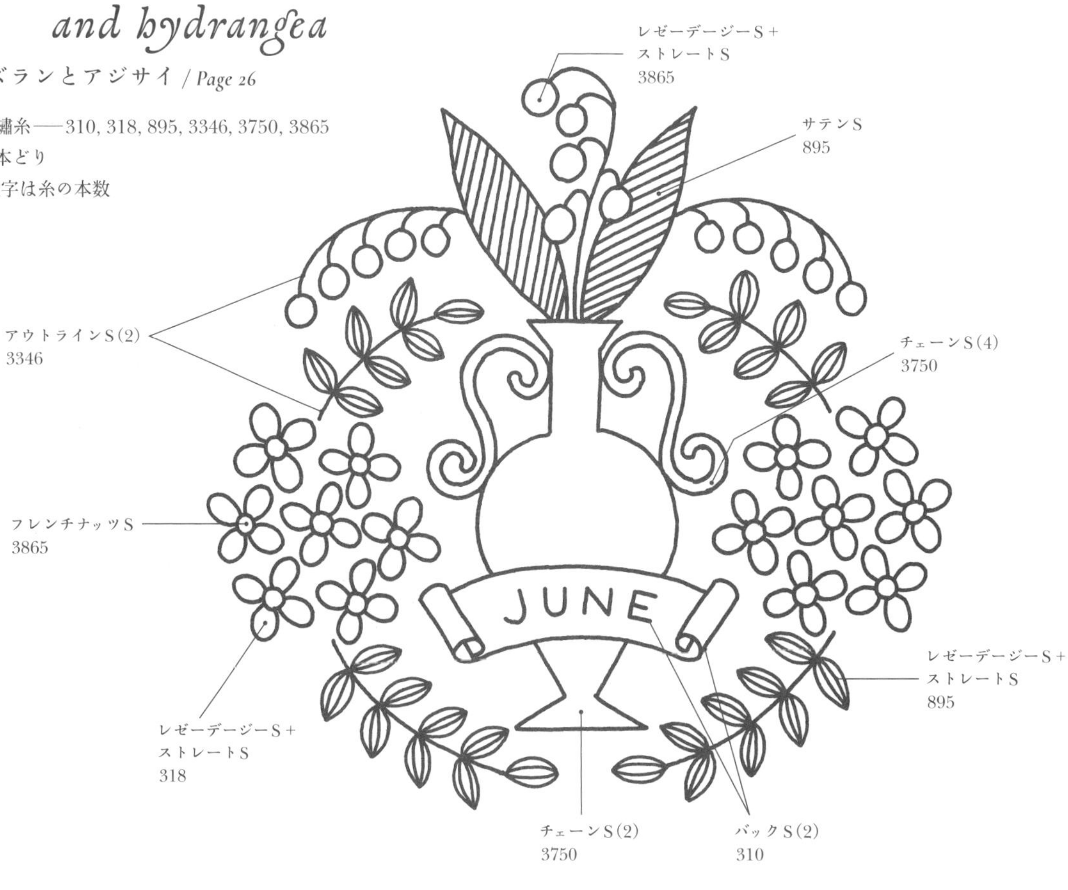

Tanabata 七夕 / *Page 30*

◎DMC25番刺繡糸
——18, 310, 800, 826, 962, 3350, 3813, 3818
＊「○」は大小問わずすべて
フレンチナッツS(4)で埋める
＊指定以外の短冊はサテンS(4)
＊指定以外はアウトラインS (2)
＊(　)の中の数字は糸の本数

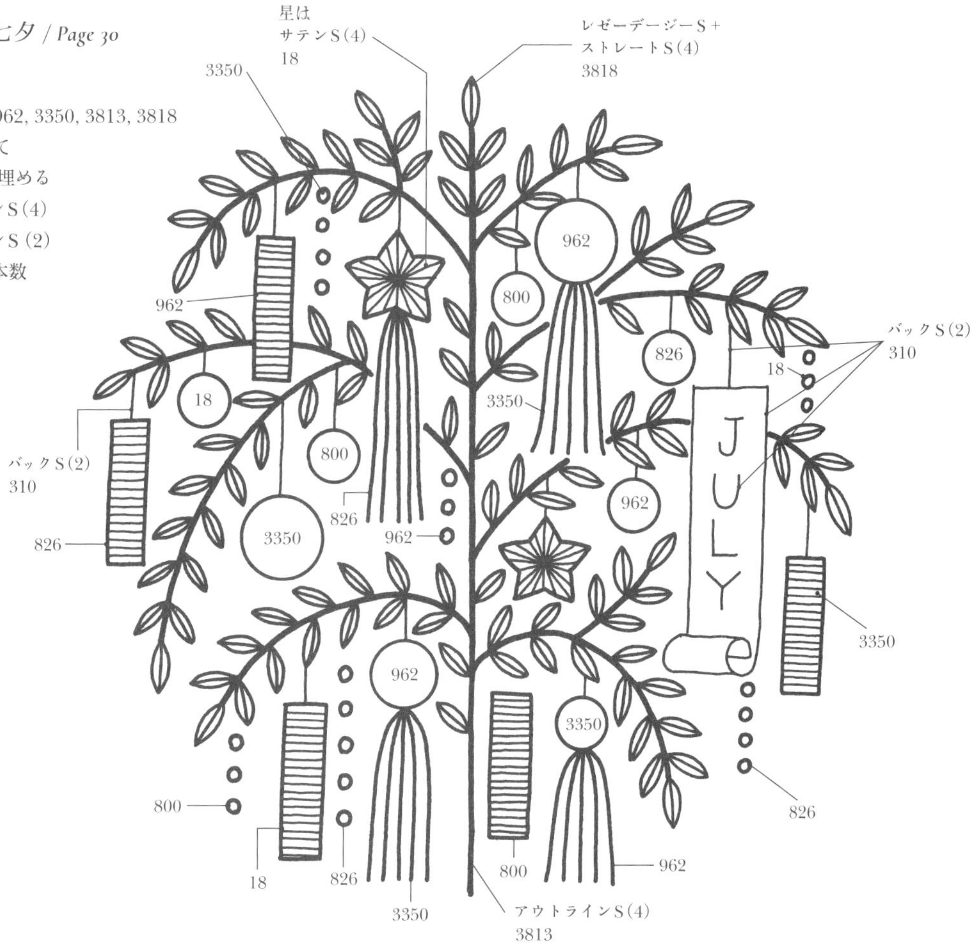

Hibiscus ハイビスカス / *Page 36*

◎DMC25番刺繡糸
——225, 310, 321, 600, 677, 931, 961, 988, 3818
＊花びらはロング&ショートS(4)
＊指定以外は4本どり
＊(　)の中の数字は糸の本数

Full moon night　十五夜 / *Page 40*

◎DMC25番刺繍糸
──169, 310, 319, 610, 612, 833, 3865
＊指定以外はチェーンS(2)
＊指定以外は2本どり
＊(　)の中の数字は糸の本数

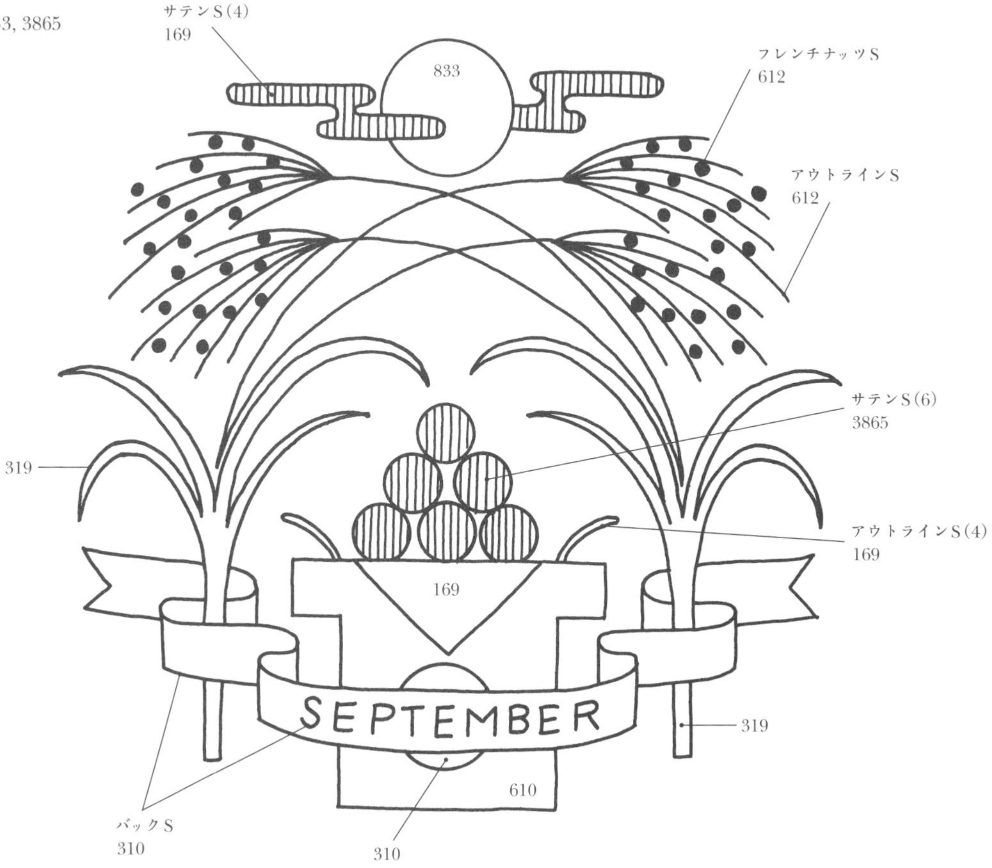

Osmanthus　金木犀 / *Page 44*

◎DMC25番刺繍糸──310, 520, 838, 890, 919, 921, 3862
＊指定以外は2本どり
＊(　)の中の数字は糸の本数

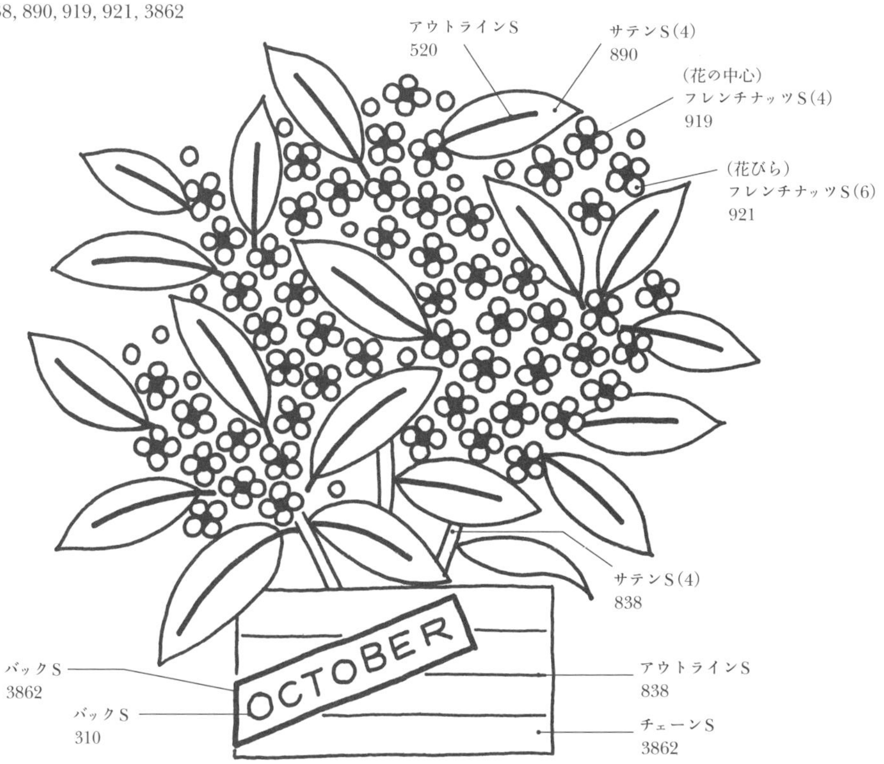

Cosmos 秋桜 / *Page 48*

◎DMC25番刺繍糸
──ecru, 08, 310, 315, 316, 902, 3362, 3364
＊花びらはレゼーデージーS＋ストレートS(4)
＊指定以外は2本どり
＊(　)の中の数字は糸の本数

Snow globe Christmas tree

スノードームのクリスマスツリー / *Page 52*

◎DMC25番刺繍糸──319, 535, 733, 817, 3866
＊指定以外は2本どり
＊(　)の中の数字は糸の本数

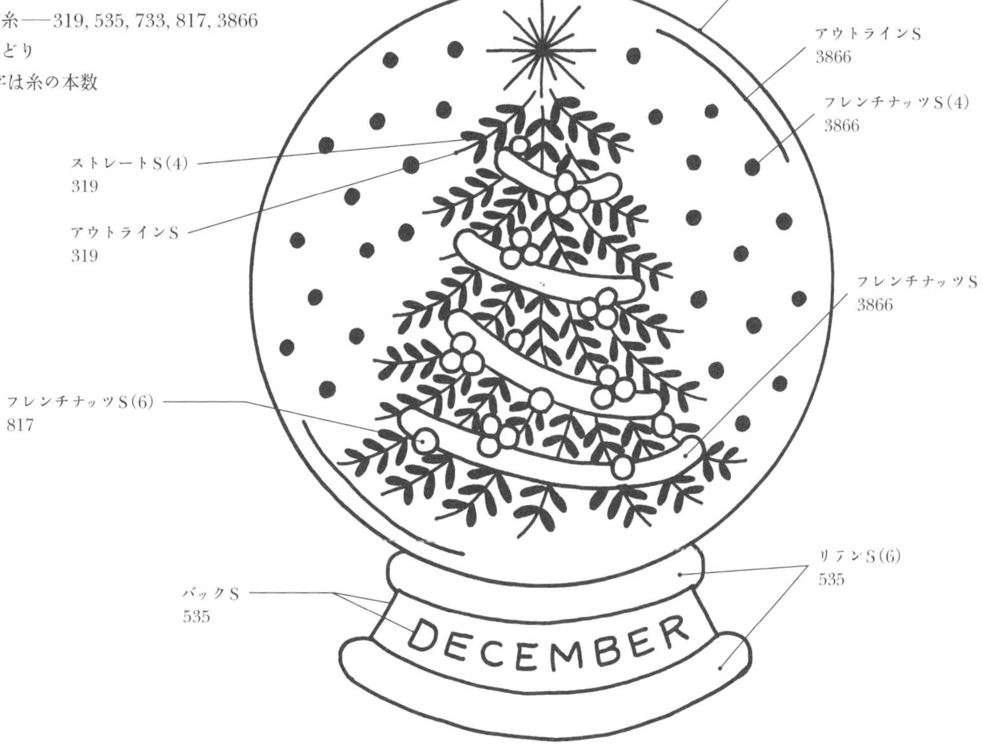

Japanese New Year's decorations 正月飾り / *Page 7*

◎DMC25番刺繍糸——22, 610, 612, 976, 3818, 3866
＊指定以外はチェーンS（2）
＊指定以外は2本どり
＊（　）の中の数字は糸の本数

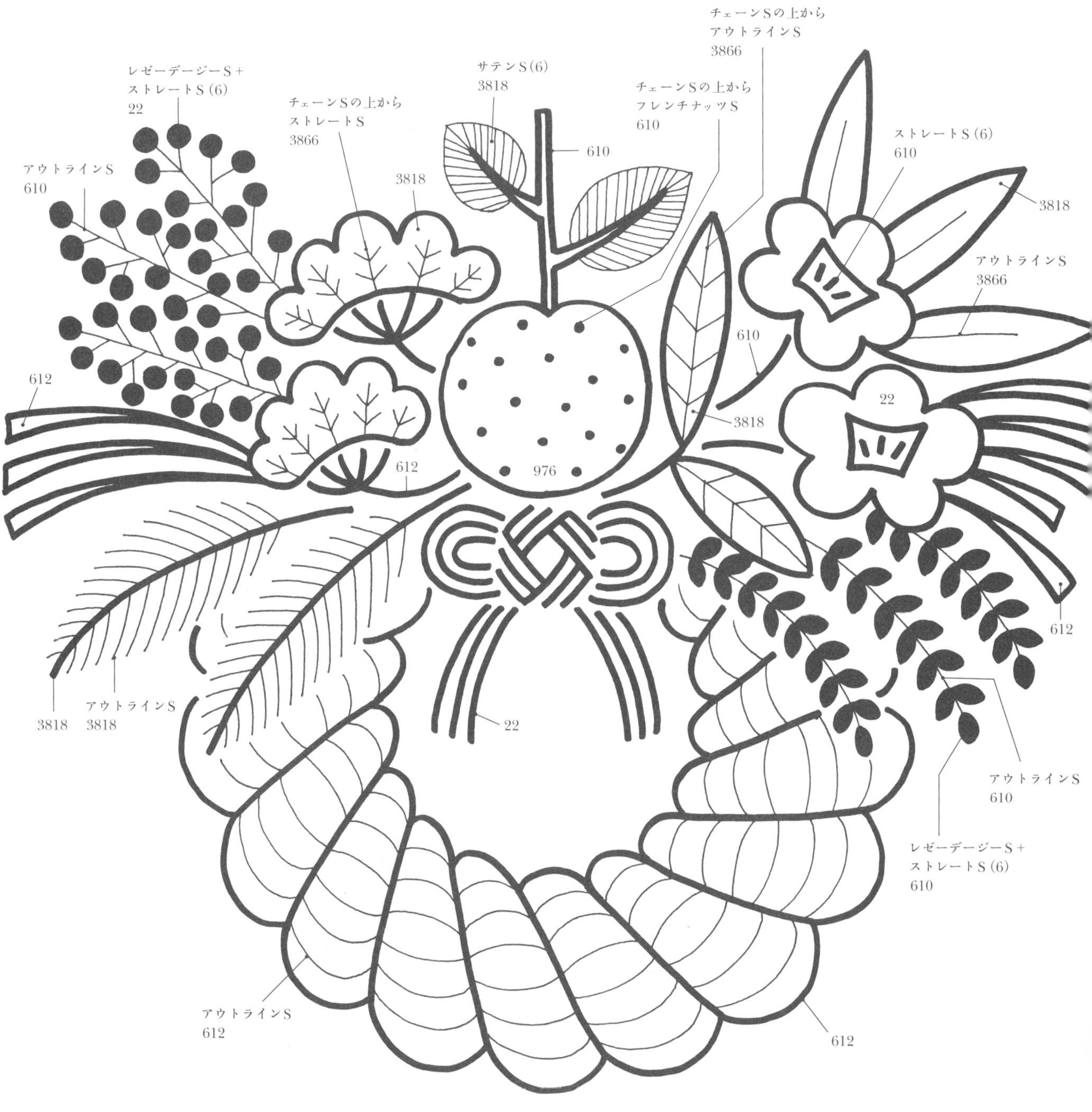

Adonis ramosa 福寿草 / *Page 8*

◎DMC25番刺繡糸──07, 08, 18, 520, 733, 3022, 3865
＊指定以外はチェーンS(2)
＊指定以外は2本どり
＊(　)の中の数字は糸の本数

Snowball fight 雪合戦 / *Page 9*

◎DMC25番刺繍糸――535, 611, 648, 930, 950, 3051, 3752, 3865
＊薄青部分はチェーンS(2)
＊顔はサテンS(4)950、手はフレンチナッツS(6)3865
＊三つ編みの「●」は髪と同色で、帽子の「●」は帽子と同色で
　いずれもフレンチナッツS(4)
＊それ以外の指定のないところはサテンS(4)
＊(　)の中の数字は糸の本数

Birds singing in spring 春を歌う鳥 / Page 11

◎DMC25番刺繍糸──ecru, 310, 471, 936, 950, 3328, 3346, 3778, 3865

＊指定以外は4本どり

＊(　)の中の数字は糸の本数

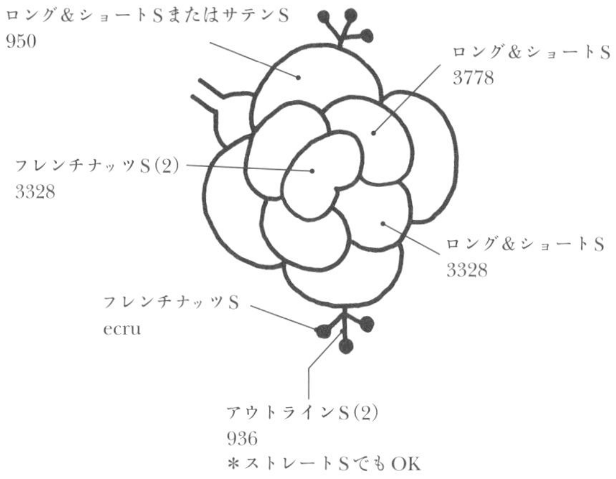

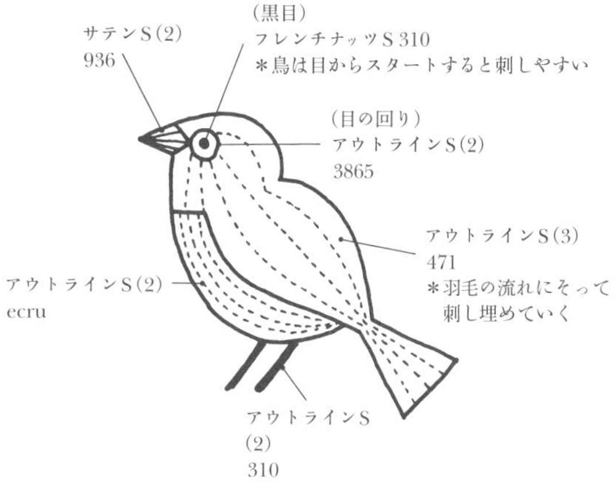

Bouquet of tulips

チューリップのブーケ / *Page 12*

◎DMC25番刺繡糸――150, 501, 502, 950, 3687
＊指定以外はチェーンS(2)
＊(　)の中の数字は糸の本数

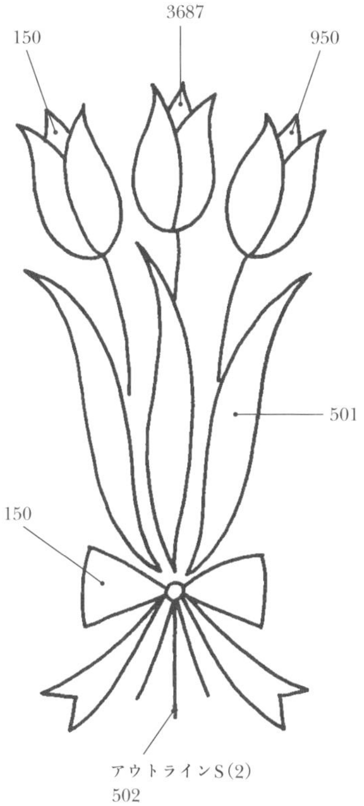

Violet garden

すみれの庭 / *Page 16*

◎DMC25番刺繡糸――29, 500, 502, 561, 733,
3042, 3750, 3865
＊(　)の中の数字は糸の本数

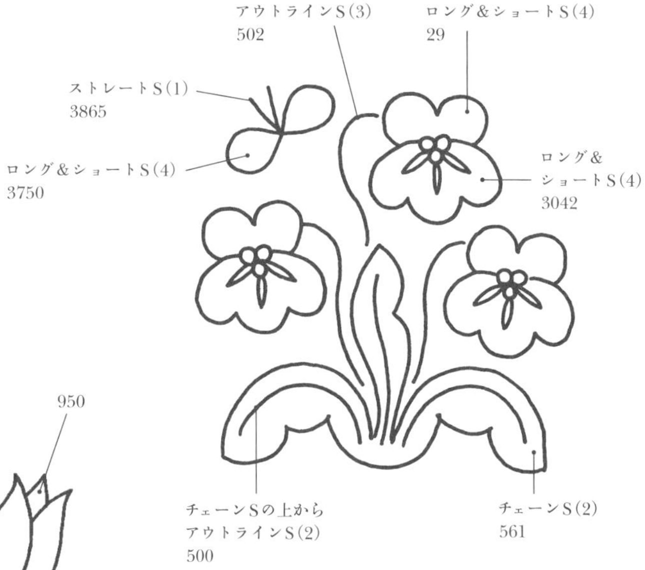

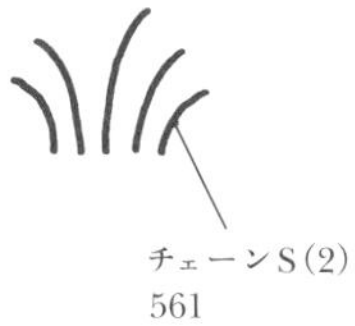

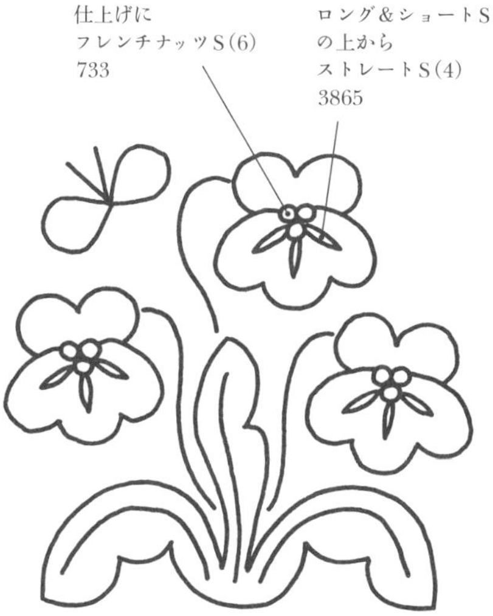

Baking sweets　お菓子づくり / Page 13

◎DMC25番刺繍糸──310, 645, 648, 739, 801, 833, 938, 986, 3350, 3371, 3865
＊薄青部分はチェーンS(2)
＊それ以外の指定のないところはサテンS(4)
＊(　)の中の数字は糸の本数

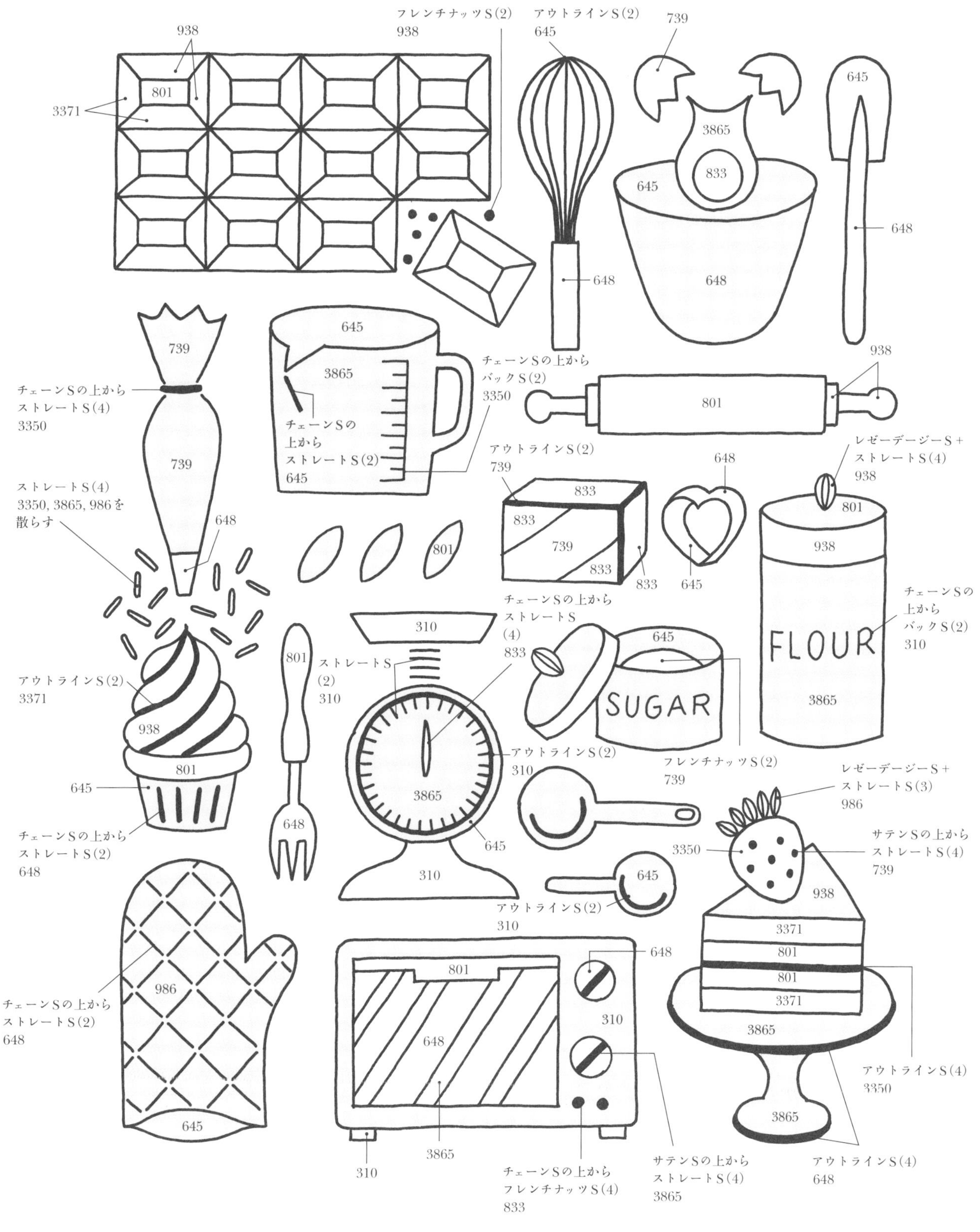

Hinamatsuri ひなまつり / *Page 15*

◎DMC25番刺繍糸──22, 168, 543, 839, 936, 3371, 3687, 3866, E677
＊太線部分はアウトラインS(1) 3371
＊指定以外はチェーンS(2)
＊指定以外は2本どり
＊(　)の中の数字は糸の本数

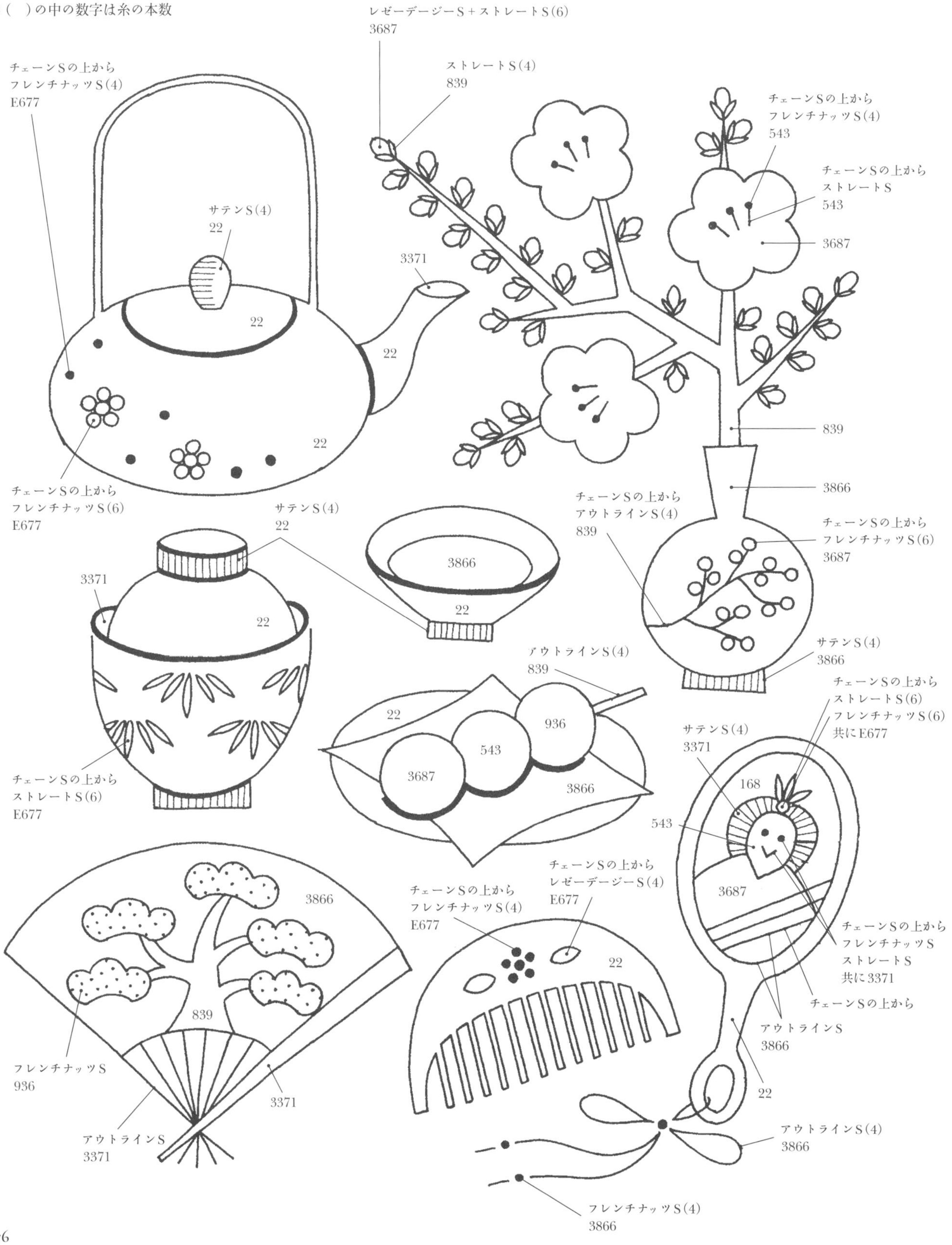

Easter eggs イースターエッグ / *Page 19*

◎DMC25番刺繡糸――336, 3865
＊指定以外の細い線はアウトラインS(1)
＊指定以外は336
＊(　)の中の数字は糸の本数
＊アップリケは、卵形に裁ったコットン布(白)を両面接着芯ではり、
　同色の糸で端をぐるりと細かくまつり縫いする。
　コットン布はキャンブリックやシーチングなど、目が細かく薄い生地がおすすめ。

Gardening 庭仕事 / *Page 20*

◎DMC25番刺繡糸――ecru, 03, 04, 33, 310, 834, 986, 3031, 3364, 3782, 3790, 3836

＊指定以外はチェーンS(2)

＊指定以外は2本どり

＊(　)の中の数字は糸の本数

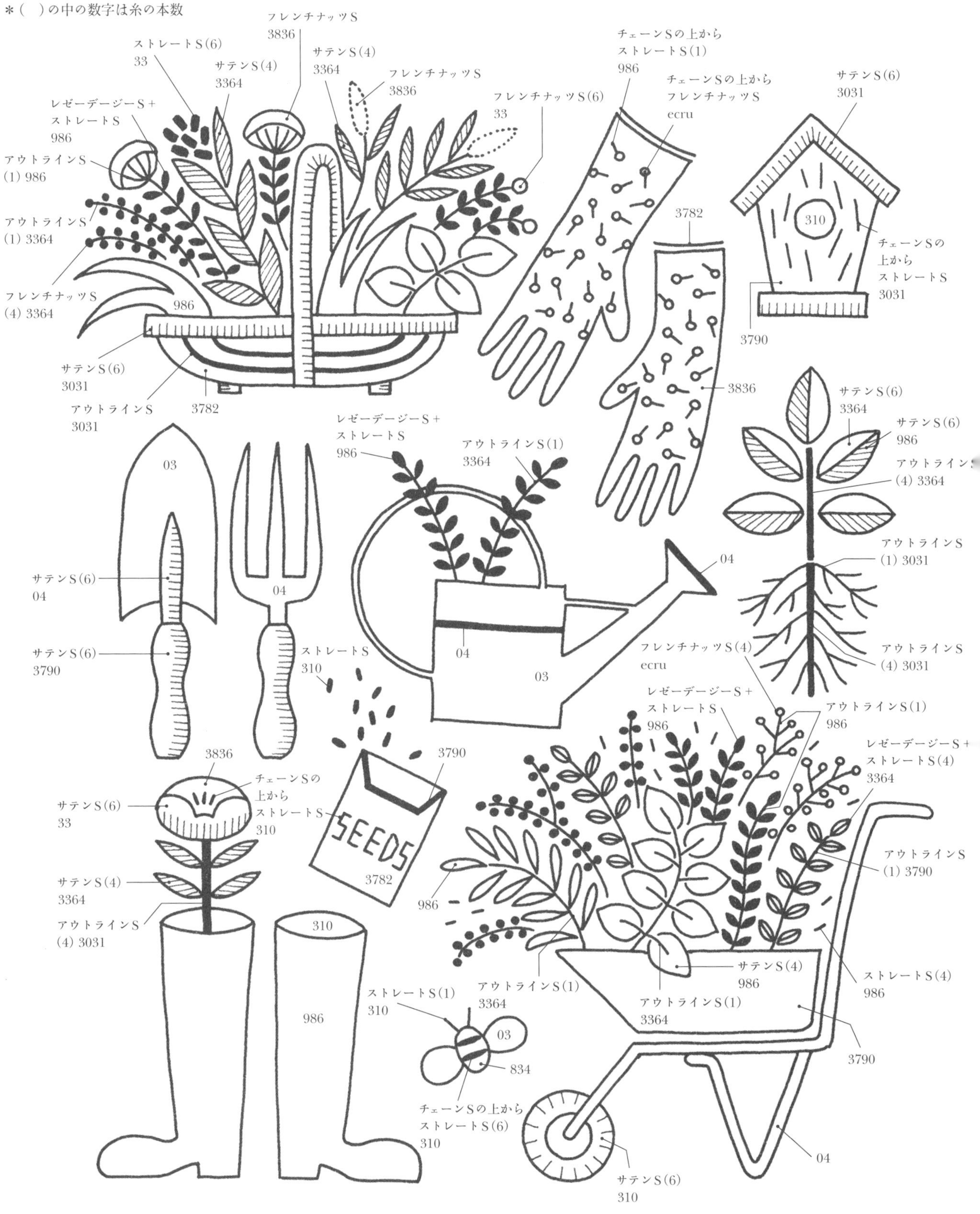

Stationeries 文房具 / *Page 21*

◎DMC25番刺繍糸──310, 311, 535, 611, 648, 739, 3362

＊「●」はフレンチナッツS(6)で、地のステッチの上から刺す

＊縞模様部分はサテンS(4)

＊それ以外の指定のないところはチェーンS(2)

＊指定以外は2本どり

＊(　)の中の数字は糸の本数

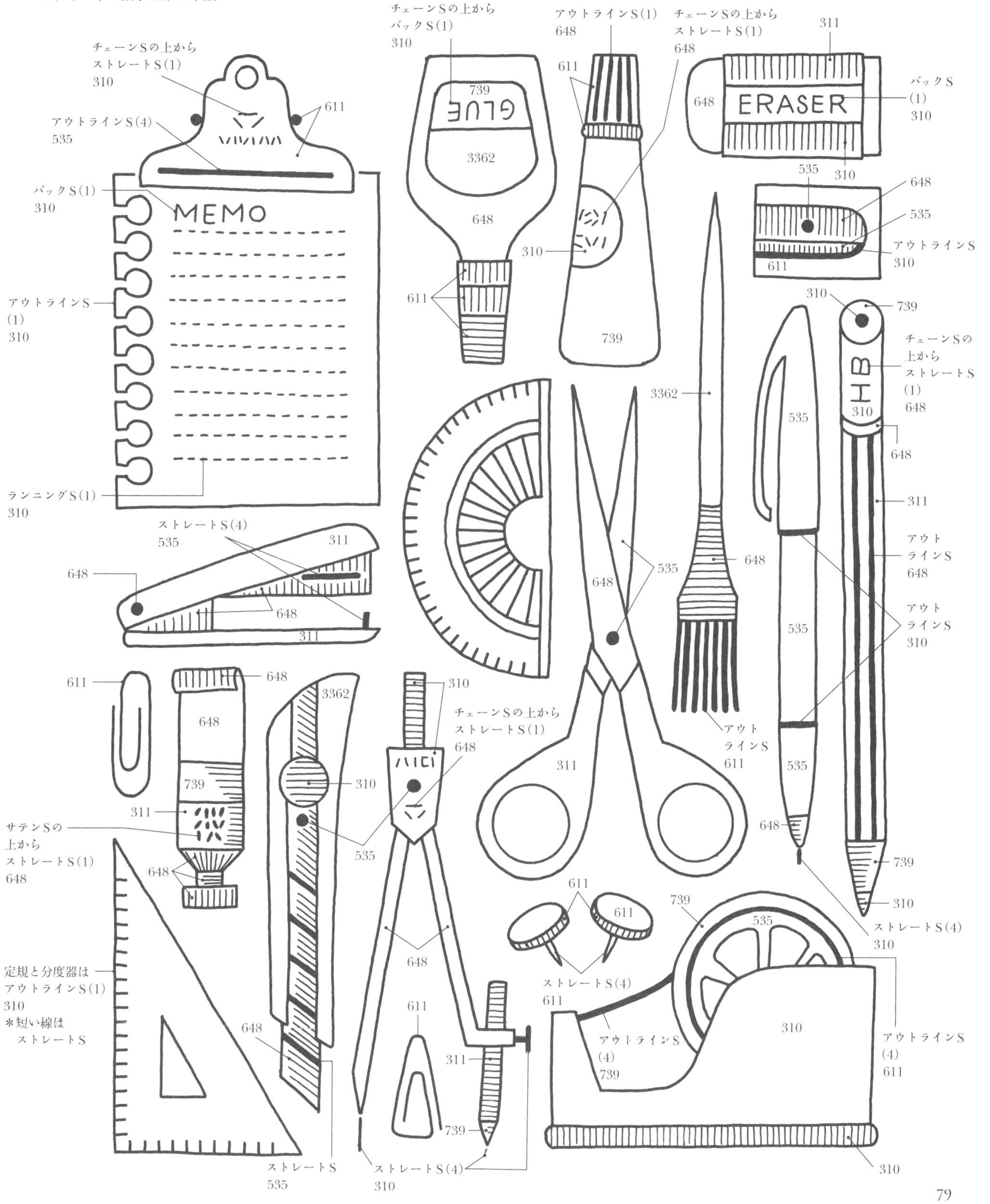

Travel 旅行 / *Page 23*

◎DMC25番刺繍糸──03, 22, 310, 535, 561, 612, 833, 931, 3021, 3865

＊指定以外はチェーンS(2)

＊指定以外は2本どり

＊(　)の中の数字は糸の本数

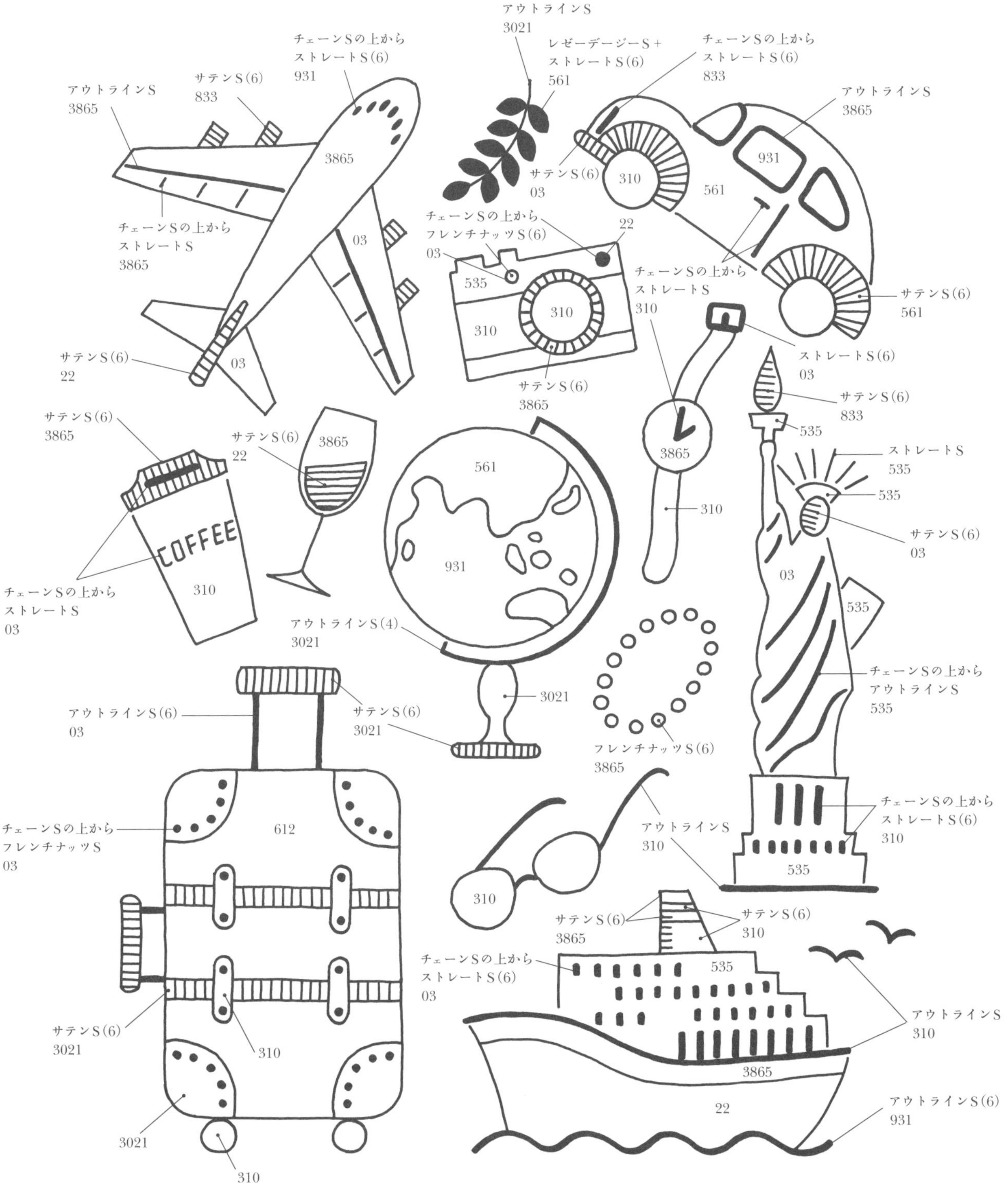

Spring wreath 春のリース / *Page 24*

◎DMC25番刺繡糸──154, 320, 505, 561, 632, 733, 739, 3042, 3813, 3815, 3865

＊太線部分はアウトラインS(3) 632

＊薄青部分はチェーンS(2) 561

＊それ以外の指定のないところはアウトラインS(2) 320

＊(　)の中の数字は糸の本数

110%に拡大

“Koinobori” tapestry 鯉のぼりのタペストリー / Page 25

◎DMC25番刺繍糸——07, 22, 310, 327, 505, 794, 833, 3865
＊太線部分はアウトラインS
＊「○」「●」はフレンチナッツS
＊薄青部分はチェーンS(2)
＊(　)の中の数字は糸の本数

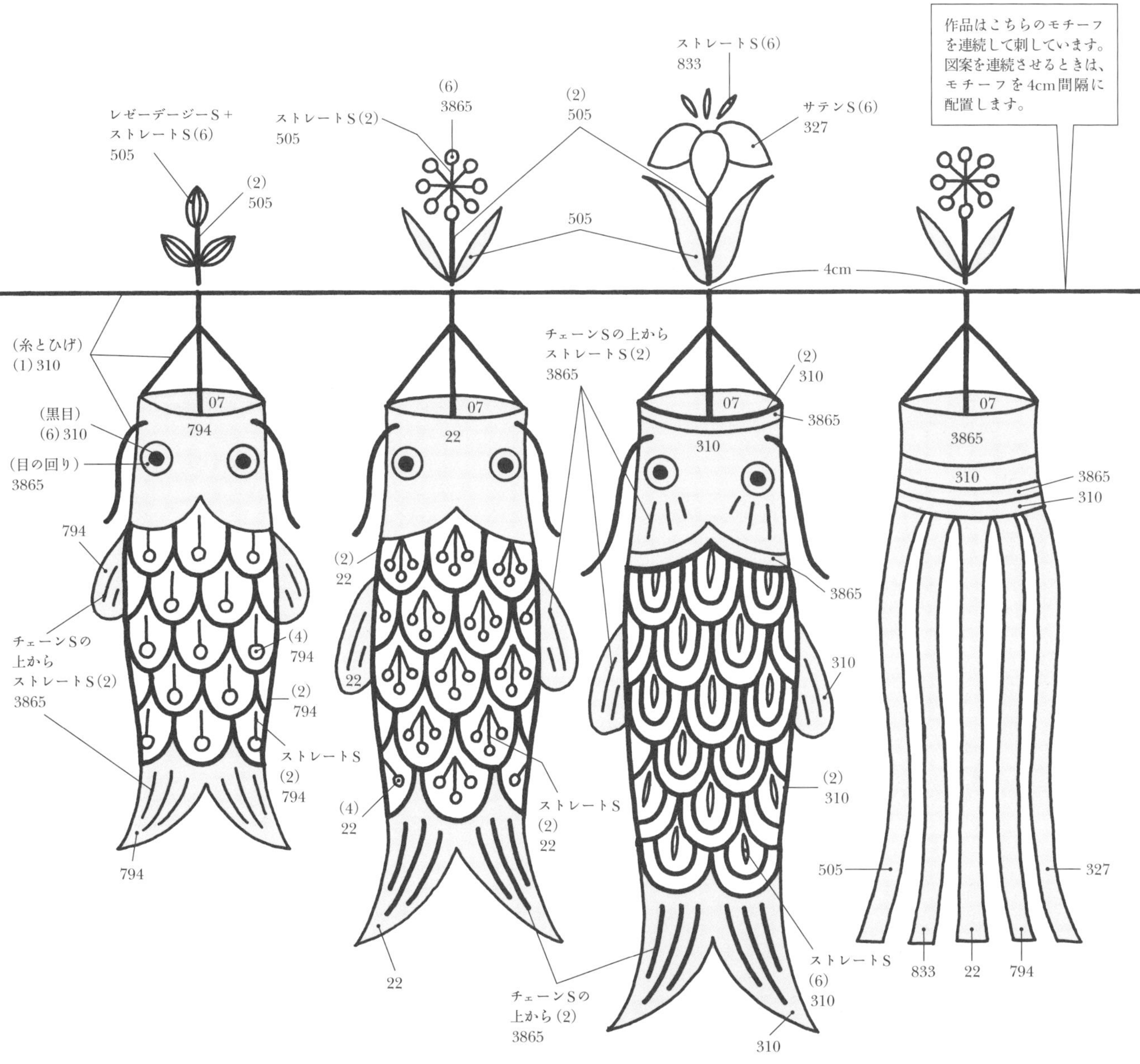

Passion flower wreath 時計草のリース / *Page 27*

◎DMC25番刺繍糸──01, 32, 154, 310, 319, 505, 522, 3348
＊指定以外はチェーンS（2）
＊指定以外は2本どり
＊（　）の中の数字は糸の本数

Wedding ウェディング / Page 28

◎DMC25番刺繡糸──470, 645, 832, 910（2束）, 931, 950, 3865
＊太線部分はアウトラインS（2）470
＊「○」はフレンチナッツS（4）
＊薄青部分はサテンS
＊（　）の中の数字は糸の本数

Tea time ティータイム / *Page 29*

◎DMC25番刺繍糸――04, 224, 505, 739, 918, 989, 3865

＊縞模様部分はサテンS(4)

＊それ以外の指定のないところはアウトラインS

＊(　)の中の数字は糸の本数

＊図案上のガイド線は、絵柄をパターンにつなぐときの位置の目安

Cocktails カクテル / *Page 31*

◎DMC25番刺繍糸――18, 310, 645, 677, 721, 758, 791, 900, 932, 988, 991, 993, 3866

＊太線部分はアウトラインS

＊縞模様部分はサテンS

＊「○」はフレンチナッツS(2)で、すべてチェーンSの上から刺す

＊グラスはすべてチェーンS(2) 3866

＊それ以外の指定のないところはチェーンS(2)

＊(　)の中の数字は糸の本数

Cactus pattern

サボテン / *Page 32*

◎DMC25番刺繍糸
——01, 03, 319, 368, 505, 535, 3021, 3022, 3790, 3865

＊指定以外はチェーンS(2)
＊(　)の中の数字は糸の本数

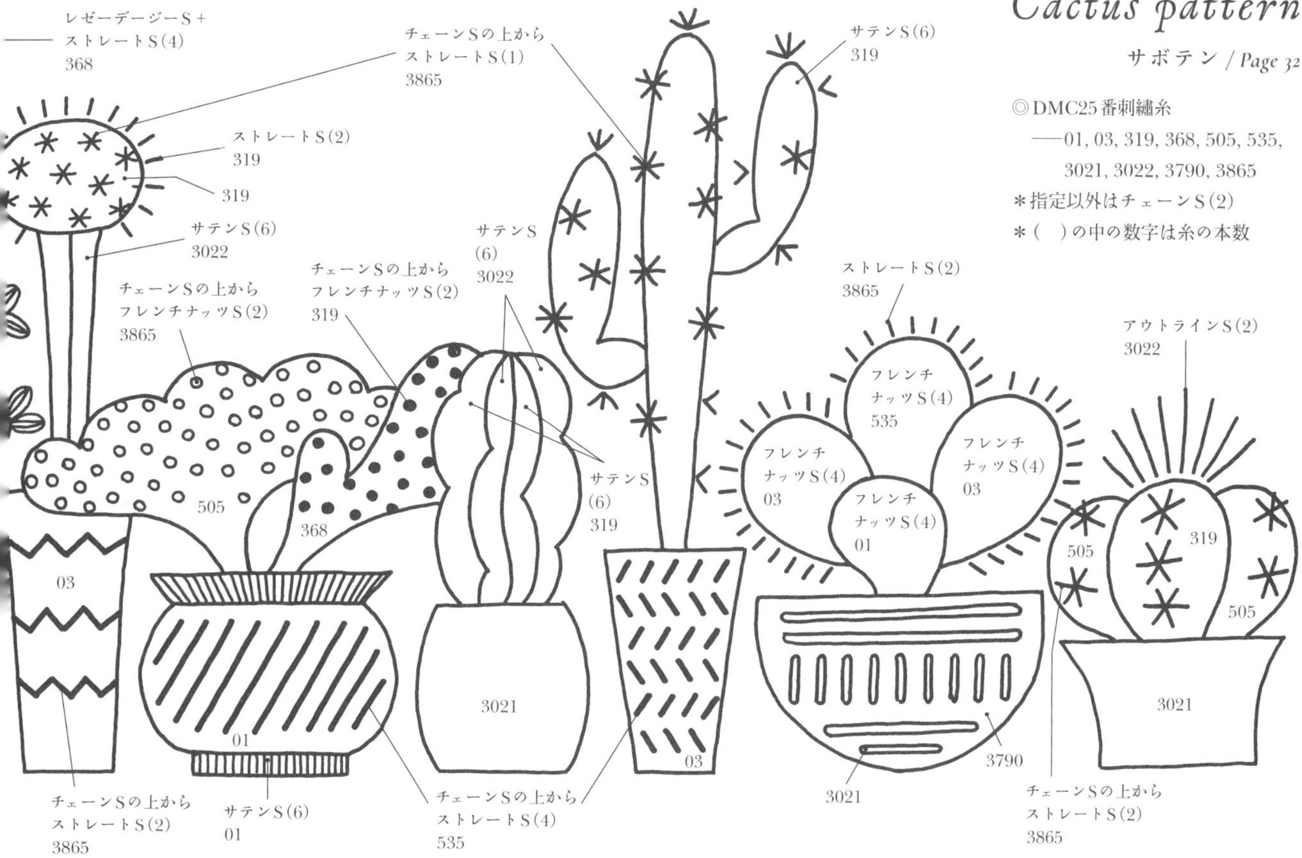

Blue flowers in summer サマーブルーフラワー / *Page 34*

◎DMC25番刺繍糸——ecru, 336, 368, 505, 561, 793, 798, 800
＊(　)の中の数字は糸の本数

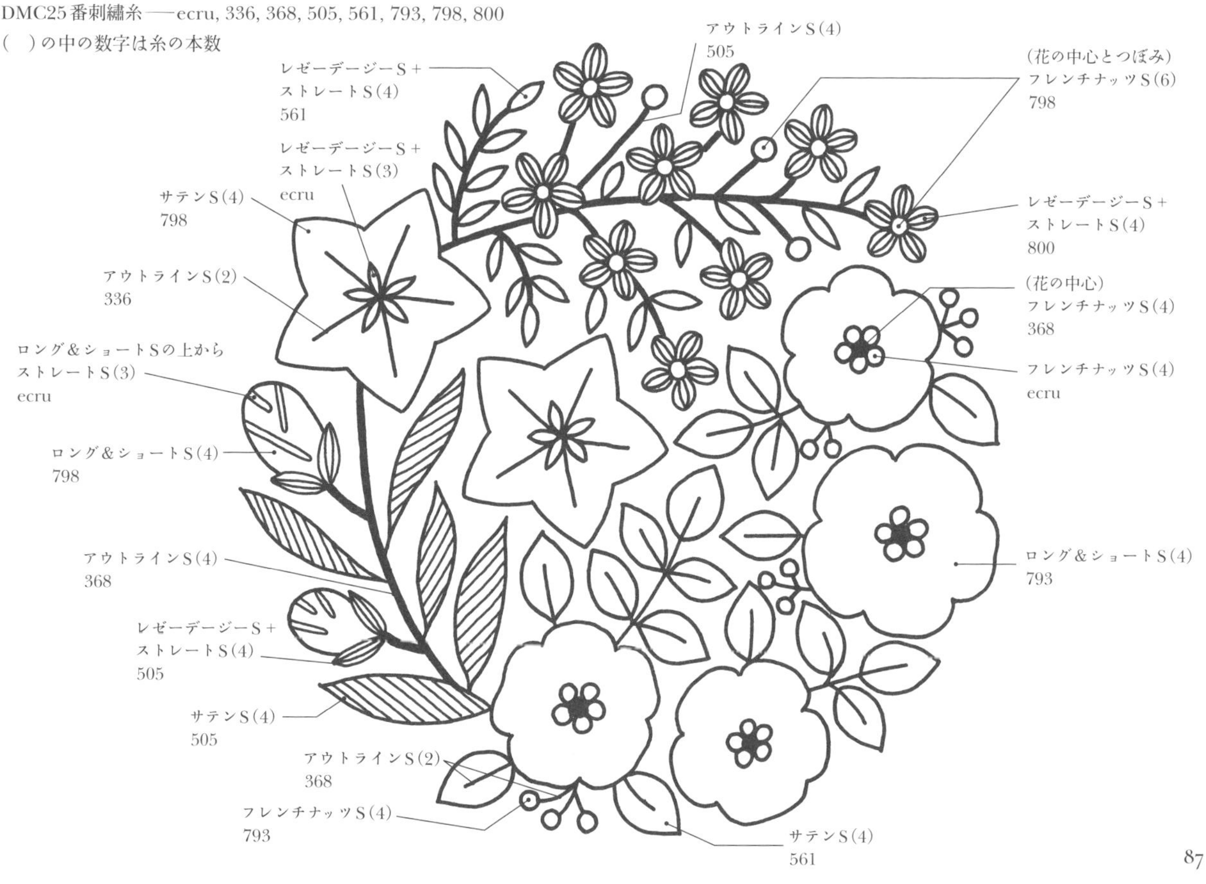

Coral forest 珊瑚の森 / *Page 37*

◎DMC25番刺繡糸――ecru, 22, 165, 310, 367, 471, 543, 758, 3042, 3768, 3778
＊「●」「○」はフレンチナッツS
＊指定以外はチェーンS(2)
＊指定以外は2本どり
＊( )の中の数字は糸の本数

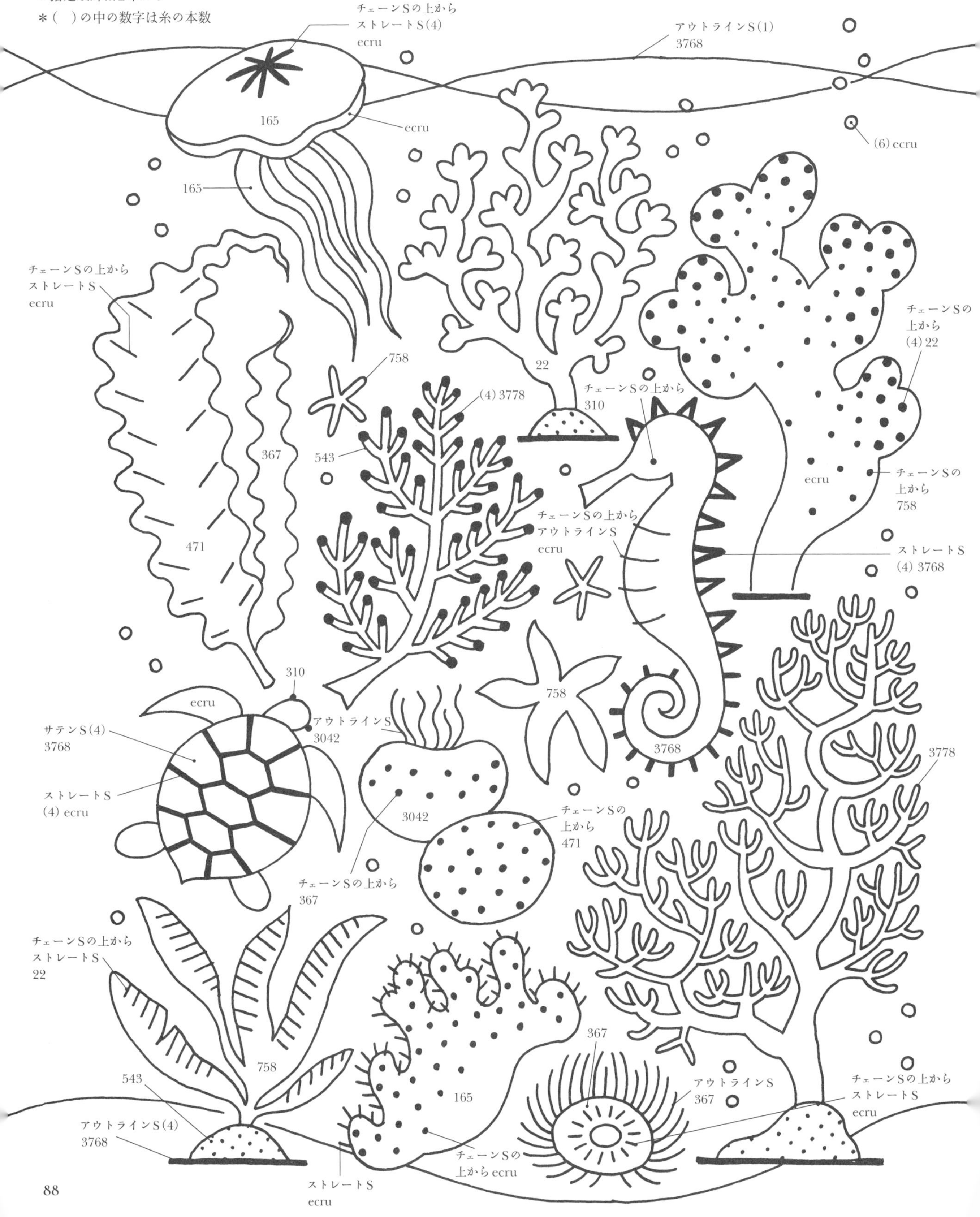

Summer foods 夏の食材 / *Page 38*

◎DMC25番刺繍糸──17, 310, 320, 349, 648, 699, 800, 825, 3862
＊太線部分はアウトラインS
＊縞模様部分はサテンS
＊「●」はフレンチナッツS(2)
＊それ以外の指定のないところはチェーンS(2)
＊(　)の中の数字は糸の本数

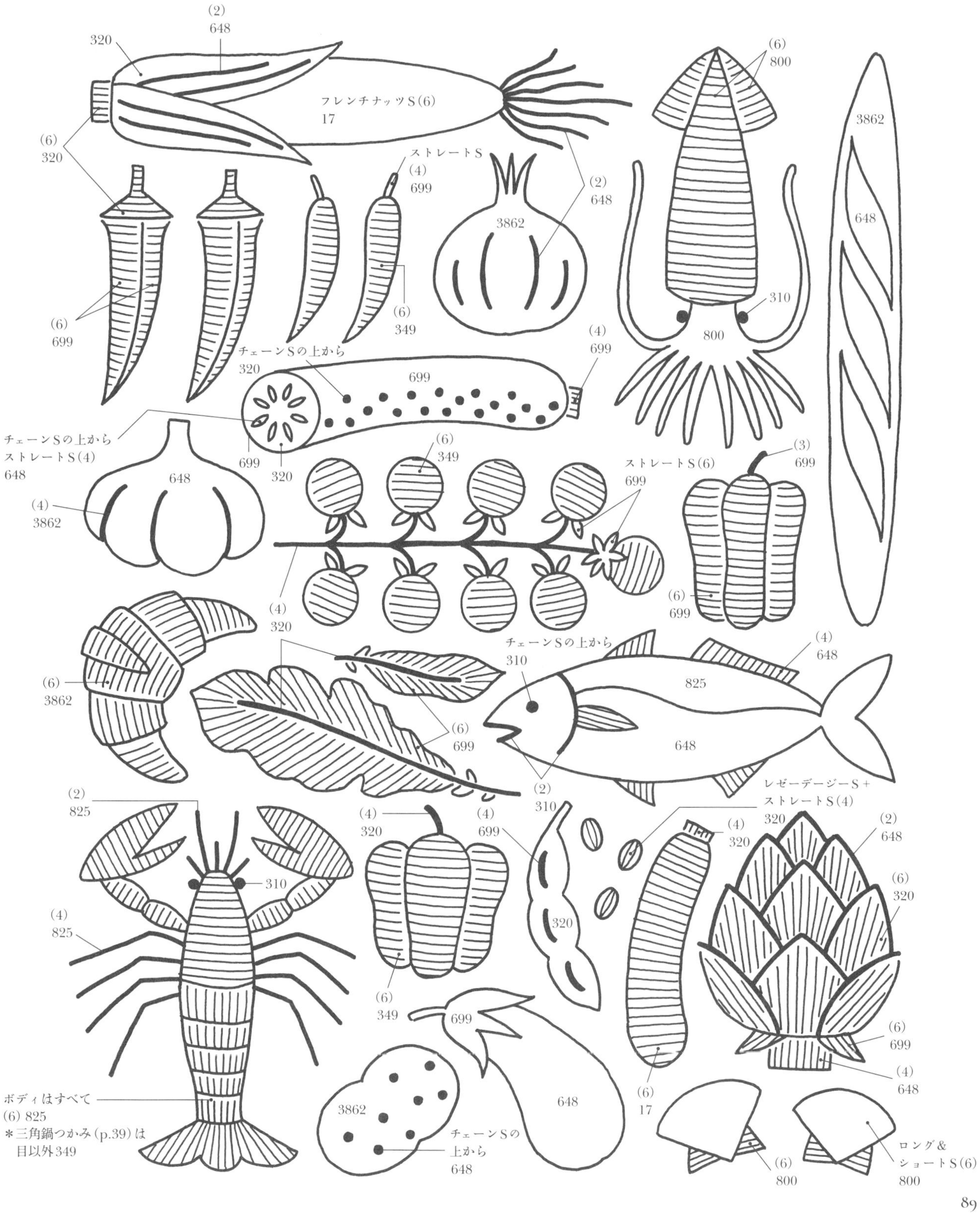

Sewen flowers of autumn 秋の七草 / *Page 41*

◎DMC25番刺繍糸——32, 520, 543, 833, 915, 935, 939, 3607
＊指定以外は2本どり
＊(　)の中の数字は糸の本数

Musical instruments 楽器 / *Page 42*

◎DMC25番刺繡糸──ecru, 310, 610, 645, 801
＊薄青部分はサテンS(4)
＊それ以外の指定のないところはチェーンS(2)
＊(　)の中の数字は糸の本数

Pumpkin field カボチャ畑 / *Page 45*

◎DMC25番刺繍糸──832, 919, 921, 935, 976, 3022, 3064
＊太い茎は(6)、細い茎は(3)、いずれもアウトラインS 3022
＊それ以外の指定のないところはチェーンS(2)
＊(　)の中の数字は糸の本数

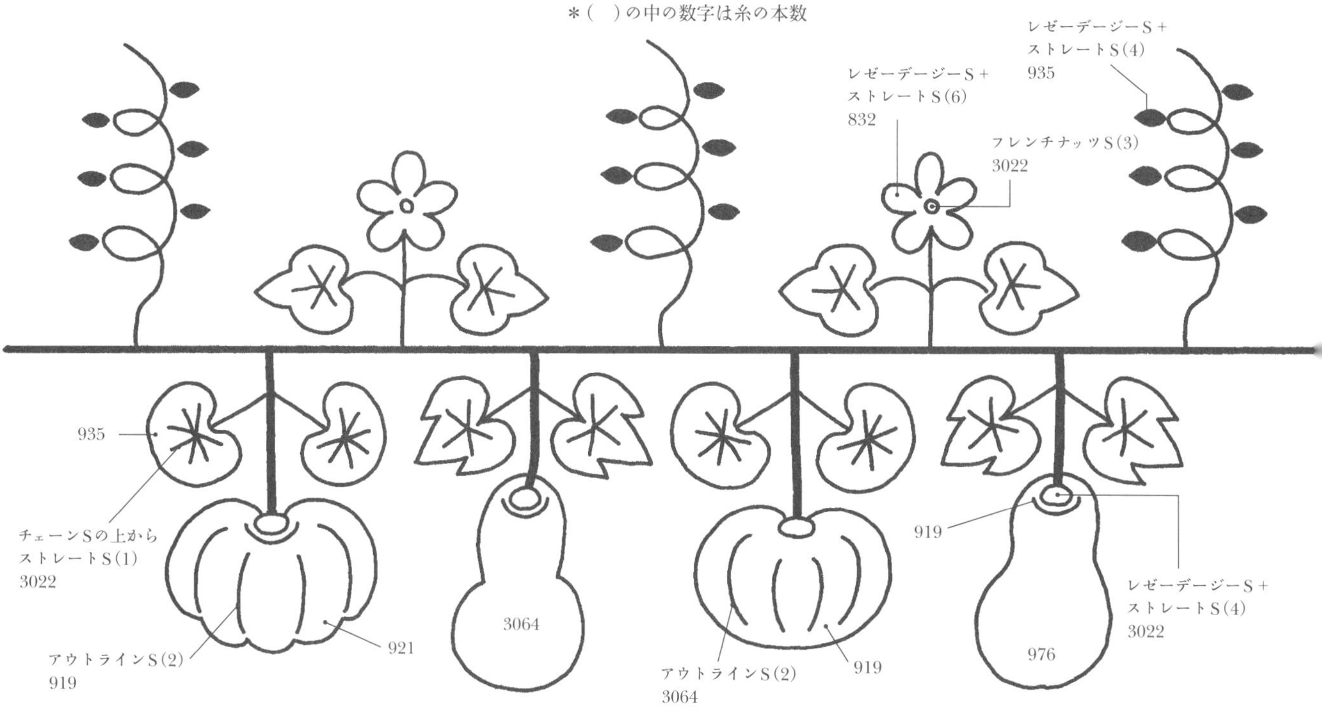

Book cover of fallen leaves

落ち葉のブックカバー / *Page 51*

◎DMC25番刺繍糸
──07, 300, 646, 829, 898, 918, 3031
＊指定以外は2本どり
＊(　)の中の数字は糸の本数

Pear pattern 洋梨 / Page 46

◎DMC25番刺繡糸――ecru, 522(2束), 831(3束), 839(2束), 3362(6束)
＊指定以外はアウトラインS

＊(　)の中の数字は糸の本数
＊図案上のガイド線は、絵柄をパターンにつなぐときの位置の目安

Autumn wreath 秋のリース / *Page 49*

◎DMC25番刺繍糸――07, 08, 29, 224, 300, 520, 3371, 3722, 3782, 3866
＊太線はアウトラインS(6) 3371
＊それ以外の指定のないところはアウトラインS
＊(　)の中の数字は糸の本数

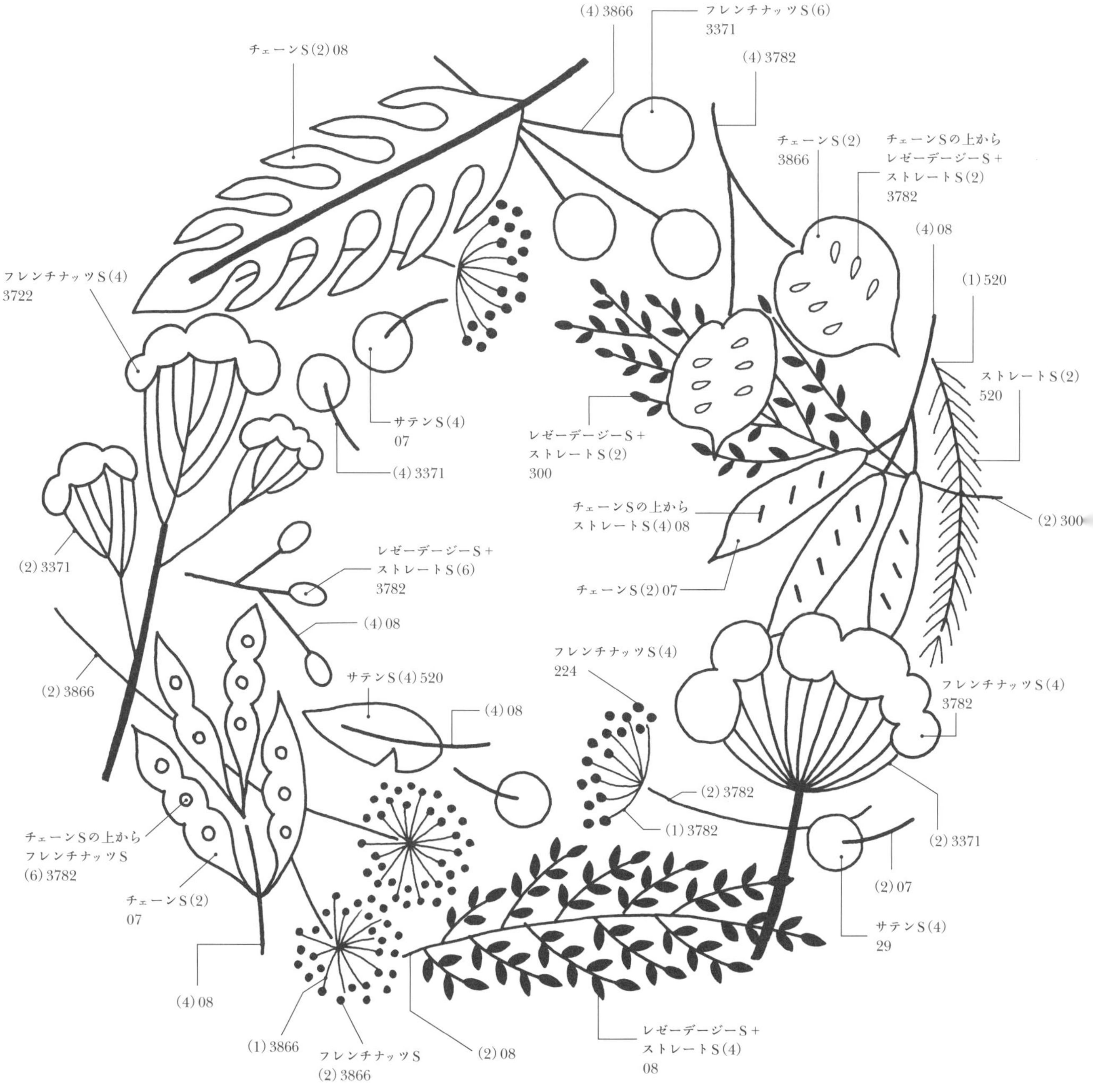

Stay home time おうち時間 / Page 50

◎DMC25番刺繍糸——03, 07, 310, 407, 520, 839, 3721, 3750, 3866
＊「●」、水玉部分はフレンチナッツS
＊太線はアウトラインS
＊薄青部分はサテンS(4)
＊それ以外の指定のないところはチェーンS(2)
＊(　)の中の数字は糸の本数

＊本の印刷部分はチェーンSの上から刺す
＊クッションの模様部分はチェーンSの上から刺す
＊ハンギングプランツの茎と葉は、チェーンSとアウトラインSの上から刺す

Mittens 手編みのミトン / Page 53

◎DMC25番刺繡糸——07, 535, 3021, 3777, 3865

＊「●」はフレンチナッツS

＊指定以外はチェーンS(2)

＊(　)の中の数字は糸の本数

Ribbon brooch リボンのブローチ / *Page 54*

◎DMC25番刺繍糸――（クリスマスローズ）319, 407, 3022, 3866（A、Cとも同じ配色）
（星くず）ecru（D）, 733（B）
＊（　）の中の数字は糸の本数

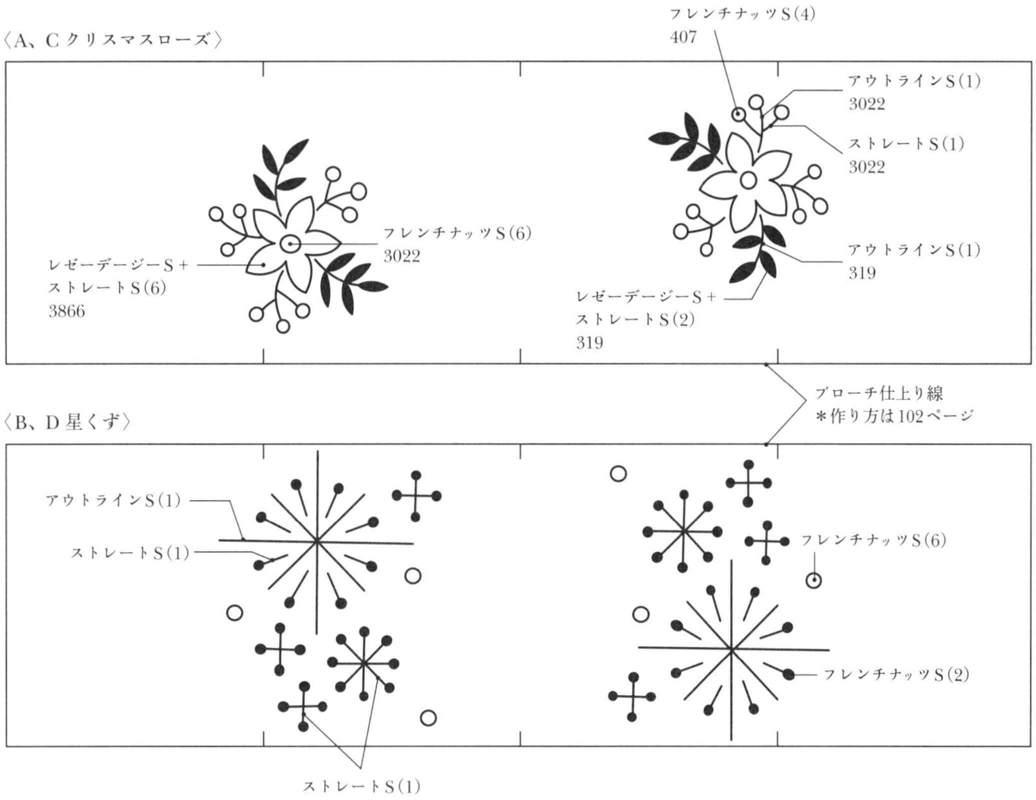

Nutcracker

くるみ割り人形 / *Page 55*

◎DMC25番刺繍糸
――310, 414, 824, 950, 3045,
3808, 3859, 3865
＊「●」、水玉部分はフレンチナッツS(4)
＊太線はストレートS
＊薄青部分はサテンS(4)
＊それ以外の指定のないところはチェーンS(2)
＊（　）の中の数字は糸の本数

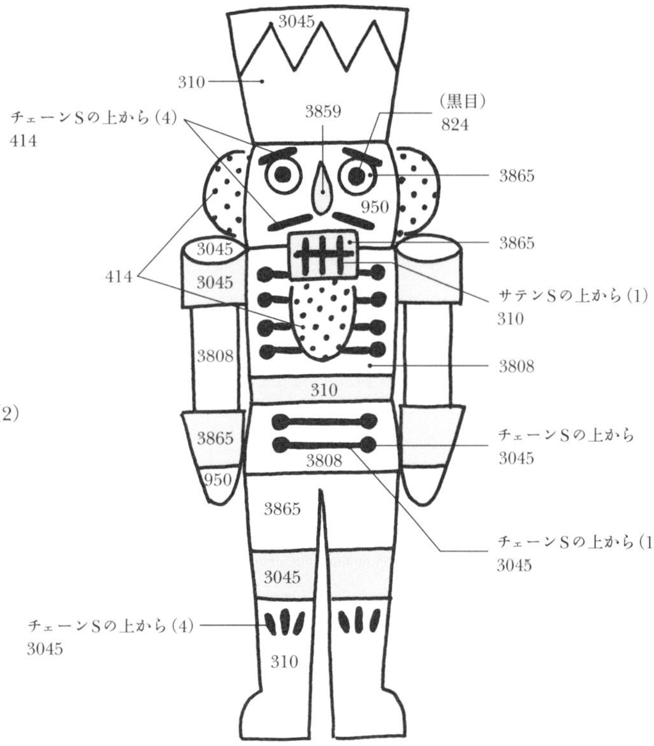

Christmas botanical ring pillow

クリスマスボタニカルのリングピロー / Page 54

◎DMC25番刺繍糸──543, 612, 839, 895, 919, 935, 936
＊指定以外は2本どり
＊(　)の中の数字は糸の本数

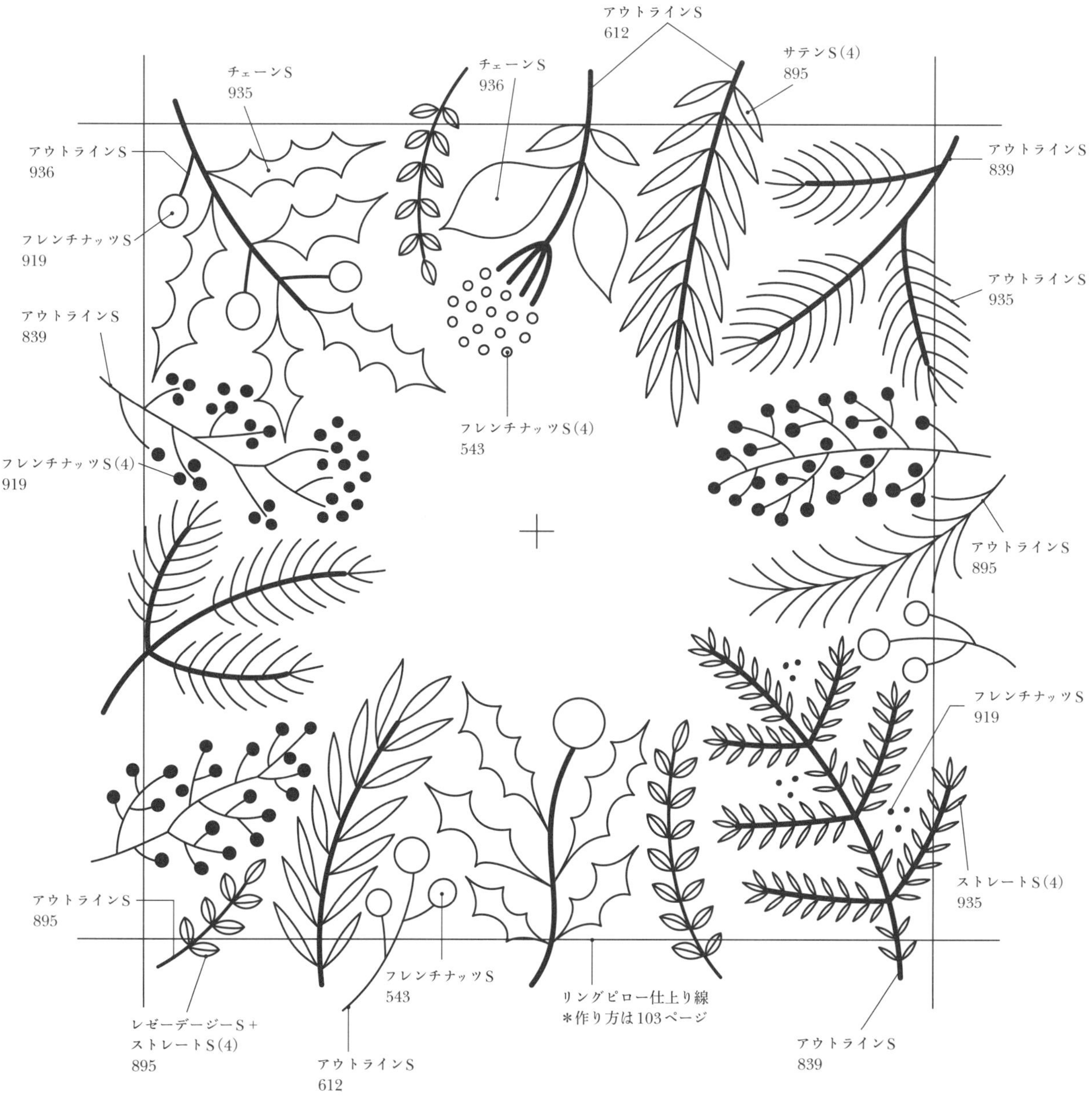

Ornament 刺繍枠オーナメント〈page 7, 34, 55〉

【材料】

表布：刺繍した布

フェルト：刺繍枠と同程度の大きさ —— 1枚

刺繍枠：作品に合わせた大きさのもの —— 1個

(p.7は直径21cm、p.34は直径12.7cm、p.55は9.5×15.5cmの楕円)

手縫い糸(表布に近い色)：適量

【作り方】

1 刺繍した布を刺繍枠にバランスよくはめる。

2 1を裏に返して、布の端を6～7cmほど残して円形（または楕円形）に切る。布端から1～2cmの位置を手縫い糸でぐるりとぐし縫いし、糸を引き絞ってギャザーを寄せ、玉止めする。

3 フェルトを2の縫い目が隠れる大きさに円形に切る。2の裏側に重ね、手縫い糸でぐるりとまつり縫いで縫いとめる。

2

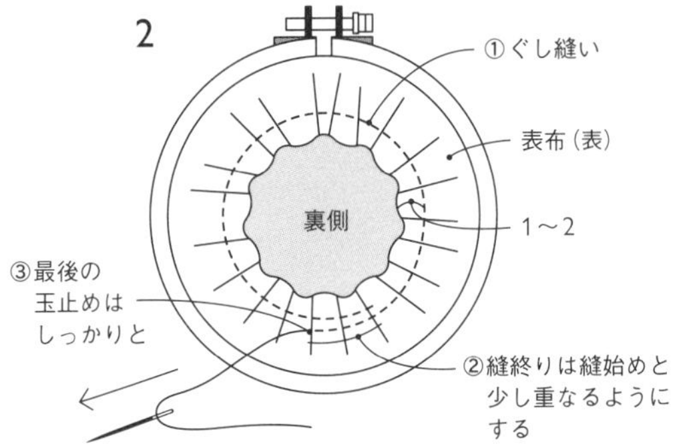

3

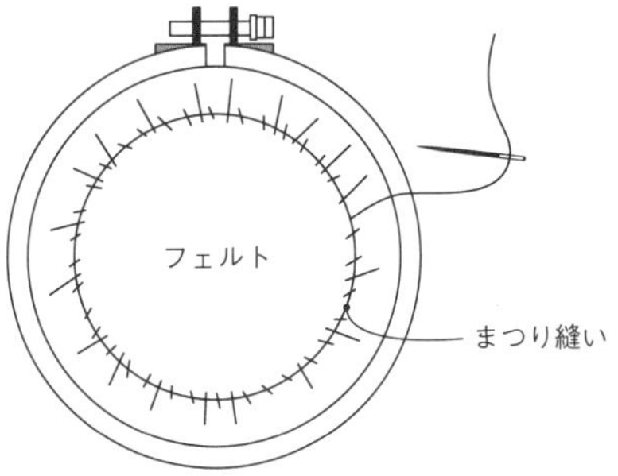

仕上りのイメージ

Sachet すみれのサシェ〈page 17〉

● 仕上りサイズ：8×13cm

● DMC25番刺繍糸：図案（p.74）参照

【材料】

表布：リネン(黒)　15×30cm —— 1枚

ベルベットリボン(黒)：0.3cm幅40cm —— 1本

お好みのポプリ：適量

ミシン糸または手縫い糸(表布と同色)：適量

【作り方】

1 表布に図案（p.74）を写し、下図の仕上り線を書く。仕上り線にはしつけ糸などで印をつけておく。刺繍をしたらアイロンで整え、周囲に縫い代1cmを足して裁つ。

2 表布の袋口をアイロンで0.5cm幅の三つ折りにし、手縫い糸でまつり縫いする（ミシンステッチでも可）。反対端も同様に。

3 表布を外表に二つ折りにし、端から0.5cmの位置で両脇を縫い、0.3cmにカットする。

4 3を裏に返して形を整えたら、端から0.5cmの位置で再度両脇を縫う。しつけ糸を取り、表に返しアイロンで形を整える。ポプリを入れて袋口をリボンで結ぶ。

1

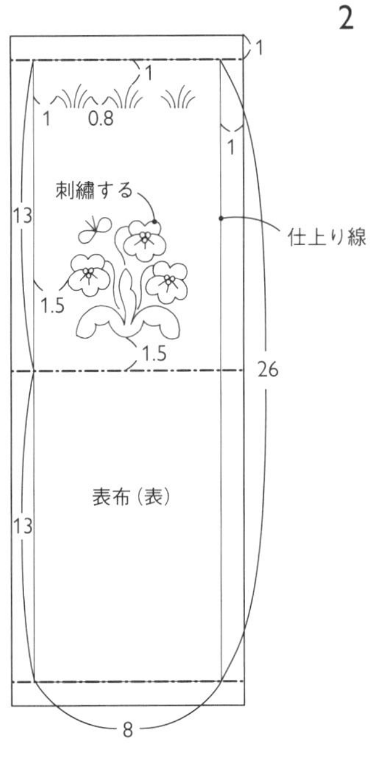

2

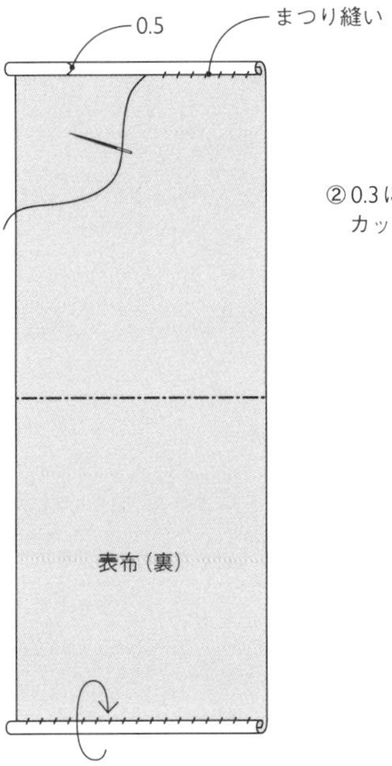

3

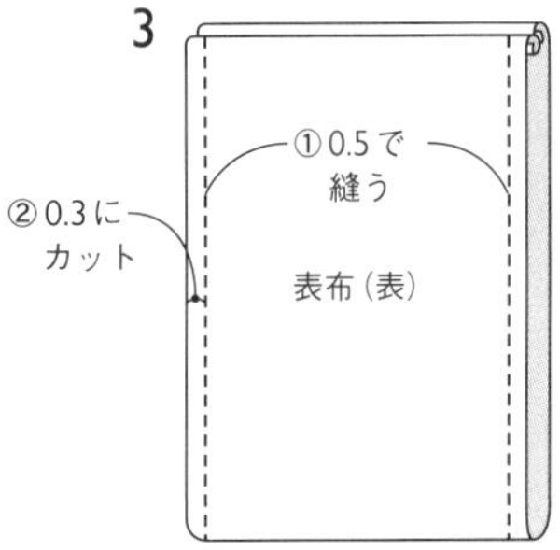

4

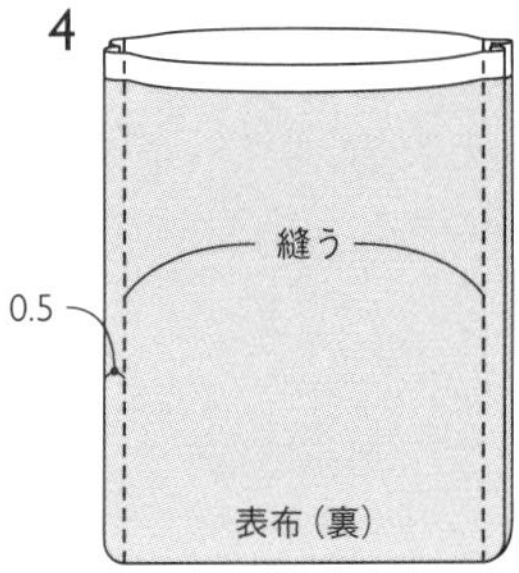

“Koinobori” tapestry 鯉のぼりのタペストリー〈page 25〉

- 仕上りサイズ：40×18cm
- DMC25番刺繍糸：図案（p.82）参照

【材料】
表布：リネン（生成り） 50×25cm —— 2枚
ひも（生成り）：0.2cm幅60cm —— 2本
ミシン糸または手縫い糸（表布と同色）：適量

【作り方】
1 表布に図案（p.82）を写し、下図の仕上り線を書く。仕上り線にはしつけ糸などで印をつけておく。刺繍をしたらアイロンで整え、周囲に縫い代1cmを足して裁つ。
2 もう1枚の表布も裏に仕上り線を書いて同様に裁つ。
3 表布2枚を中表に合わせ、二つ折りにしたひもを上辺の両端にはさみ、返し口を残してぐるりと縫う。
4 しつけ糸を取り、返し口から表に返し、アイロンで形を整えたら、返し口をコの字とじで縫いとじる。

1
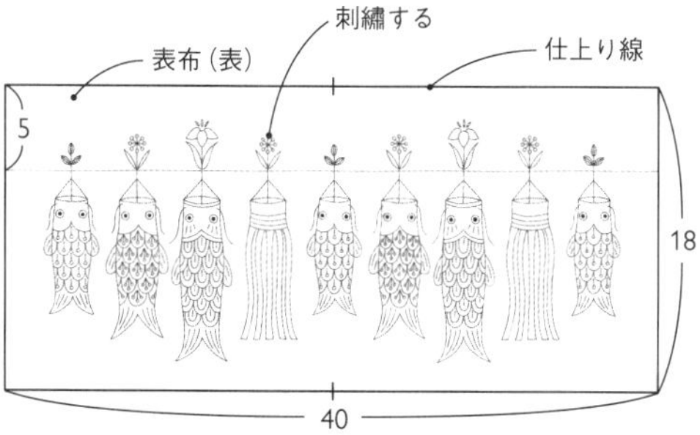

3
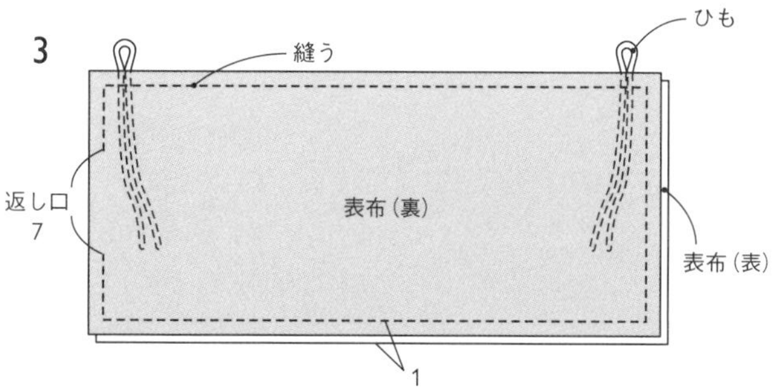

Fabric panel ファブリックパネル〈page 29, 46〉

【材料や道具】
表布：刺繍した布
木製パネル：作品に合わせた大きさのもの —— 1枚
（本書では30×30cm）
画びょう
ガンタッカー
マスキングテープ

【作り方】
1 刺繍した布をアイロンで整える。パネルと作品の位置合せをしてから、木製パネルに対して5cmほど大きく布を裁つ。
2 布の裏に木製パネルを重ね、バランスを見ながら画びょうで仮どめする。位置が決まったら、ガンタッカーで4辺をとめていく。その際、角は残し、辺の中央から交互にとめていくとゆがみにくい。また、必ず表側を確認しながら行なう。
3 残しておいた角の布を折りたたみ、ガンタッカーでとめる。
4 すべてとめたら余分な布をカットする。ガンカッターの針を隠すようにマスキングテープを貼ると、仕上りも美しく、壁が傷つくのを防げる。

1
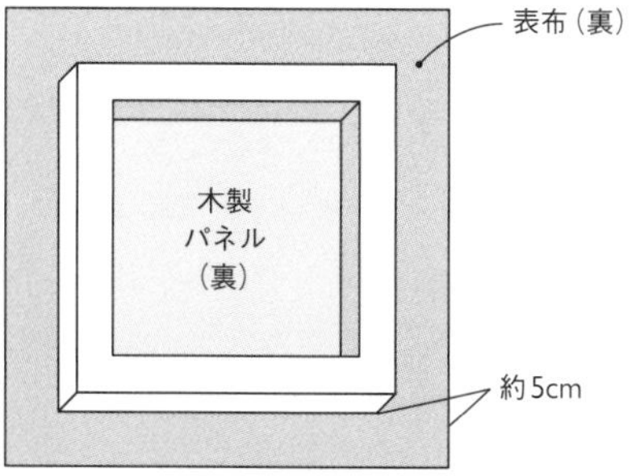

2
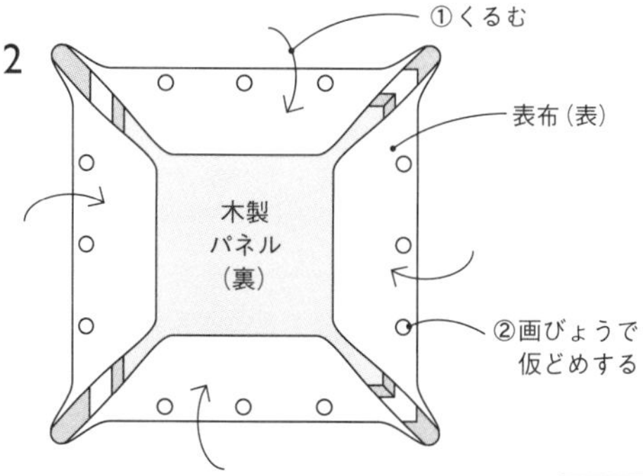

3
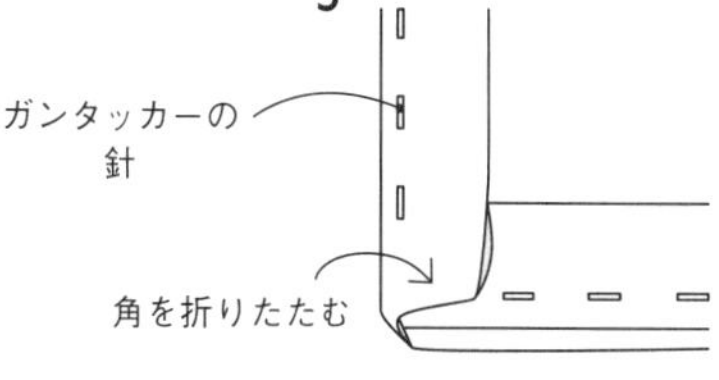

4
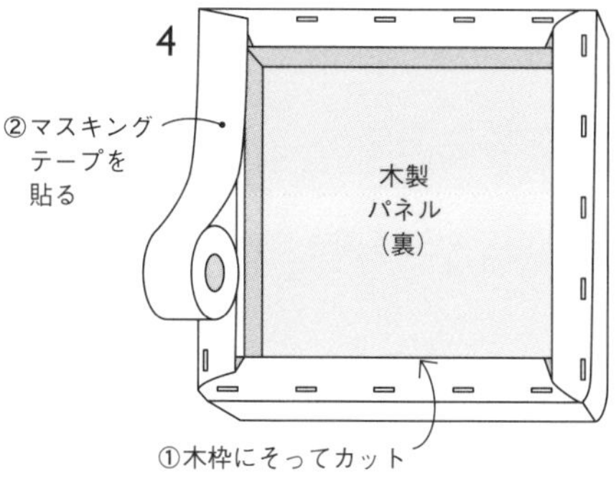

Triangular pot holder ロブスターの三角鍋つかみ〈page 39〉

- 仕上りサイズ：約10×10cm
- DMC25番刺繍糸：310, 349

【材料】

表布：リネン（グレー） 25×15cm —— 1枚
裏布：キルティング（生成り） 25×15cm —— 1枚
麻ひも：0.2cm幅8cm —— 1本
ミシン糸または手縫い糸（表布と同色）：適量

【作り方】

1 表布に図案（p.89内「ロブスター」部分）を写し、下図の仕上り線を書く。仕上り線にはしつけ糸などで印をつけておく。刺繍をしたらアイロンで整え、周囲に縫い代1cmを足して裁つ。

2 裏布も裏に仕上り線を書いて同様に裁つ。

3 表布と裏布を中表に合わせ、半円のカーブ部分をぐるりと縫う。縫い代に切込みを入れる。

4 縫い代をアイロンで割り、表布と裏布を分けるように開き、縫い目を合わせながら折り直す。

5 表布のほうに二つ折りにしたひもをはさみ、裏布のほうに返し口を残して縫う。しつけ糸を取り、返し口から表に返し、アイロンで形を整えたら、返し口をコの字とじで縫いとじる。表布の中に裏布を入れる。

1

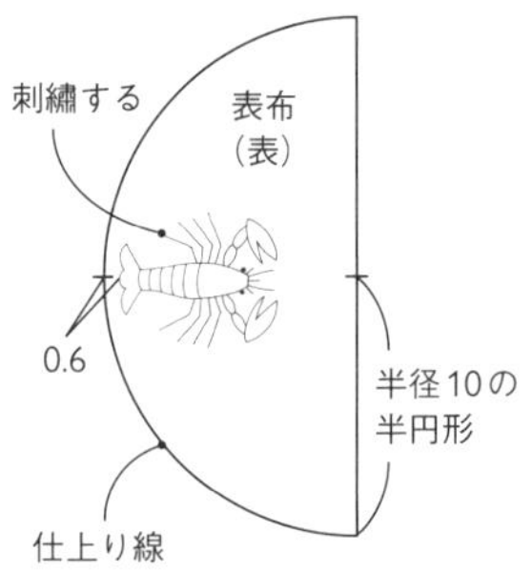

3

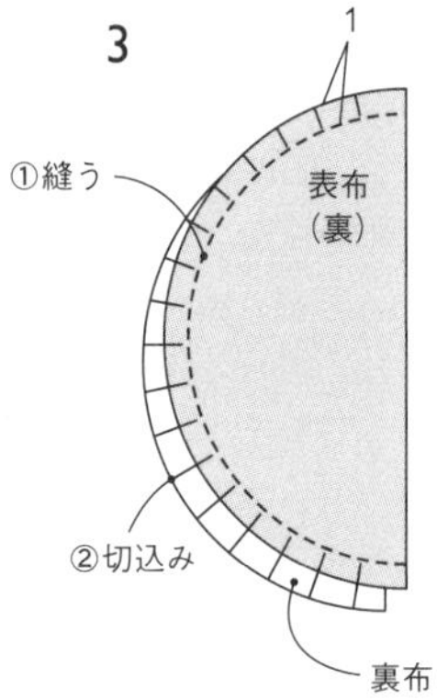

4

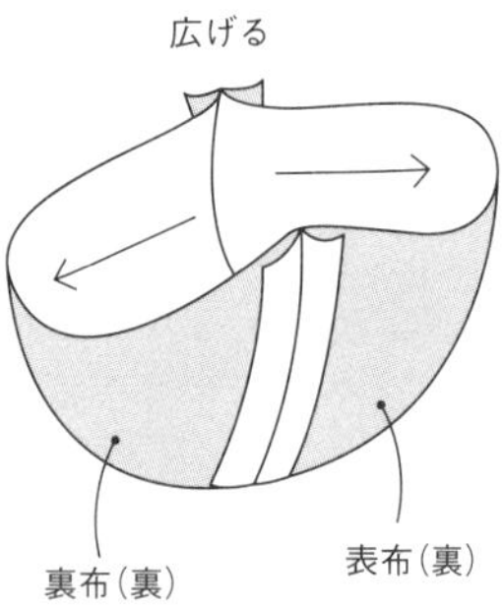

5

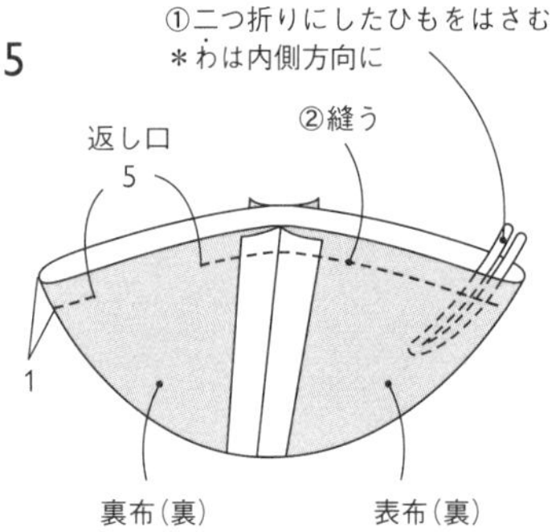

Lesson bag レッスンバッグ〈page 43〉

- 仕上りサイズ：34×40cm（持ち手は除く）
- DMC25番刺繍糸：ecru, 310, 610, 645

【材料】

表布：リネン（白） 40×90cm —— 1枚
裏布：リネン（白） 40×90cm —— 1枚
持ち手布：リネン（白） 10×55cm —— 2枚
ミシン糸または手縫い糸（表布と同色）：適量

【作り方】

1 表布に図案（p.103）を写し、下図の仕上り線を書く。仕上り線にはしつけ糸などで印をつけておく。刺繍をしたらアイロンで整え、周囲に縫い代1cmを足して裁つ。

2 裏布も裏に仕上り線を書いて同様に裁つ。

3 持ち手布をアイロンで四つ折りにし、両端にミシンステッチをかける。

4 表布を中表に二つ折りにし、両脇を縫う。縫い代をアイロンで割る。裏布は返し口を残して同様に縫う。

5 中表に重なるように裏袋に表袋を入れて、図のように3の持ち手をはさみ、袋口をぐるりと縫う。

＊持ち手の部分は数回返し縫いすると強度が増します

6 しつけ糸を取り、返し口から表に返し、アイロンで形を整える。返し口はコの字とじで縫いとじる。

1

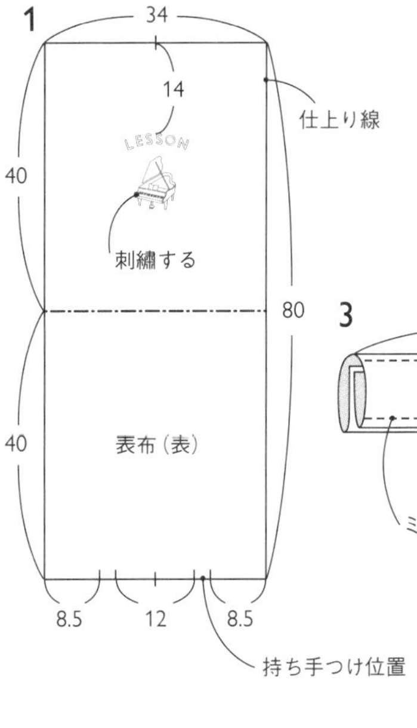

3

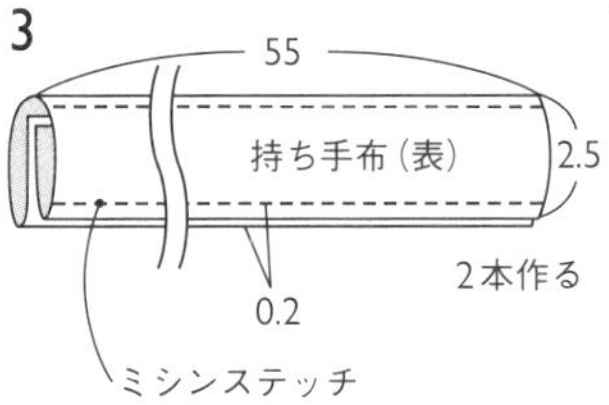

4

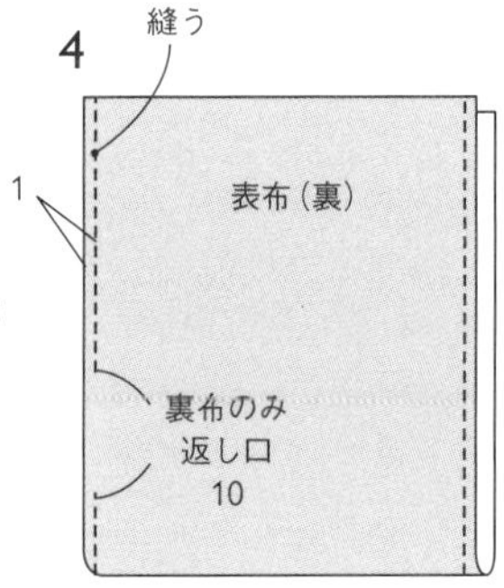

5

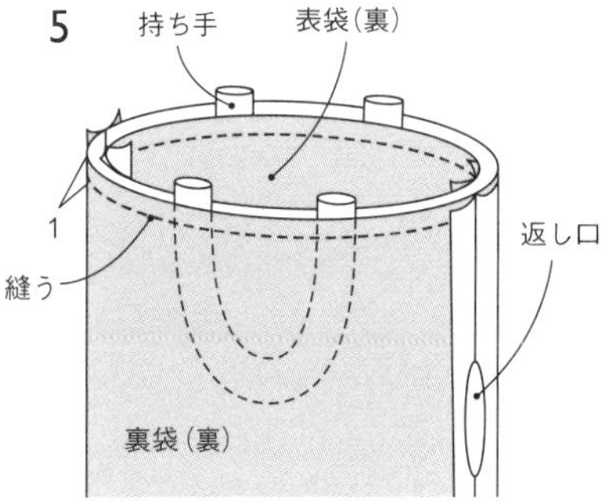

Book cover of fallen leaves 落ち葉のブックカバー〈page 51〉

● 仕上りサイズ：31 × 16cm
● DMC25番刺繍糸：図案（p.92）参照

【材料】
表布：リネン（濃グレー）　45 × 25cm —— 1枚
裏布：リネン（生成り）　45 × 25cm —— 1枚
リボン（生成り）：3cm 幅 20cm —— 1本
ミシン糸または手縫い糸（表布と同色）：適量

【作り方】
1 表布に図案（p.92）を写し、下図の仕上り線を書く。仕上り線にはしつけ糸などで印をつけておく。刺繍をしたらアイロンで整え、周囲に縫い代 1cm を足して裁つ。裏布も裏に仕上り線を書いて同様に裁つ。
2 表布と裏布を中表に合わせ、ポケット側の辺を縫う。
3 図の位置にリボンをはさみ、ポケット部分を内側に折り込む。返し口とポケット側を残して周囲を縫う。縫い代は 0.5cm ほど残して切りそろえ、角部分に切込みを入れる。
4 しつけ糸を取り、返し口から表に返し、アイロンで形を整えたら、返し口はコの字とじで縫いとじる。

1
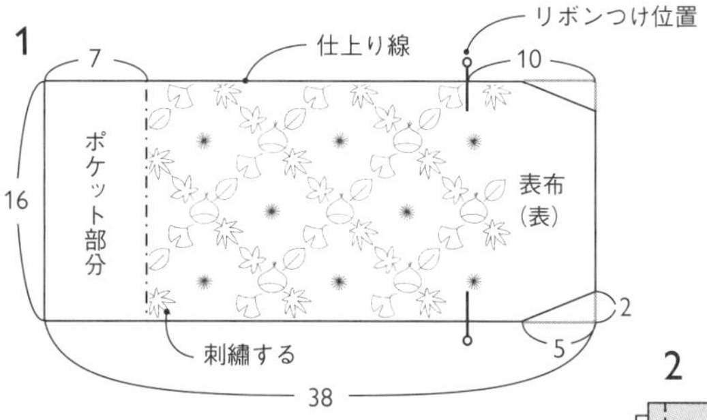

3
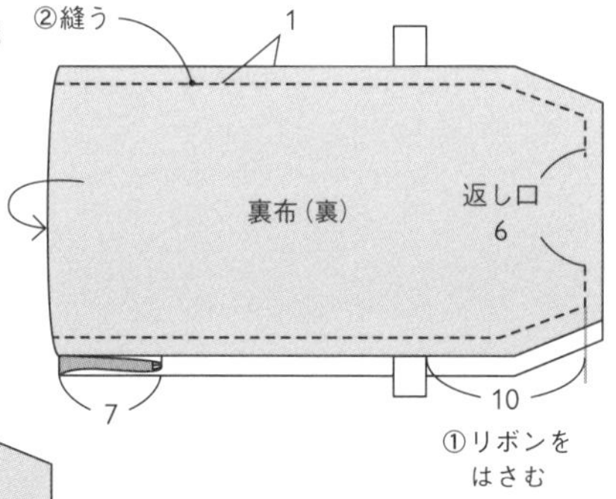

2
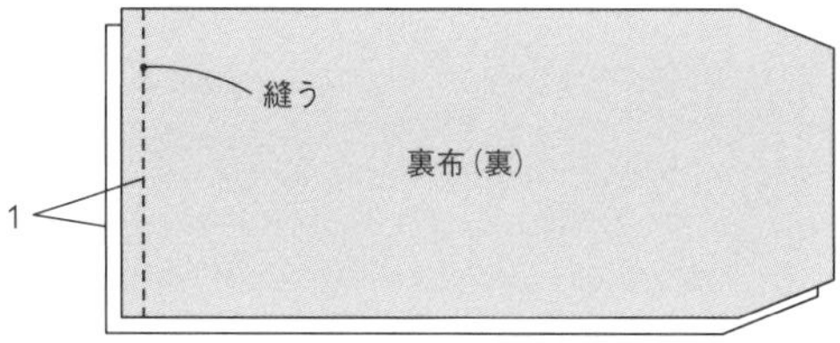

Ribbon brooch リボンのブローチ〈page 54〉

● 仕上りサイズ：7 × 4cm
● DMC25番刺繍糸：図案（p.97）参照

【材料】1個分
表布：リネン（Aクリーム、Bグレー、C赤、D濃グレー）
20 × 10cm —— 1枚
帯布：リネン（表布と同色）　10 × 3cm —— 1枚
手芸わた：適量
ブローチピン：1個
ミシン糸または手縫い糸（表布と同色）：適量

【作り方】
1 表布に図案（p.97）と仕上り線を写す。仕上り線にはしつけ糸などで印をつけておく。刺繍をしたらアイロンで整え、周囲に縫い代 1cm を足して裁つ。
2 帯布を三つ折りにし、1cm 幅の帯を作る。
3 1 の両端の縫い代を裏側に折り、中表になるように両端を中心で突き合わせる。
4 上下の端をそれぞれ縫う。
5 しつけ糸を取り、返し口から表に返して形を整えたら、手芸わたを両側に詰める。返し口をコの字とじで縫いとじる。
6 中央にギャザーを寄せて、糸でぐるぐると巻く。糸の上に 2 の帯を 2 回巻きつけ、裏側で縫いとめたら、ブローチピンをつける。

1
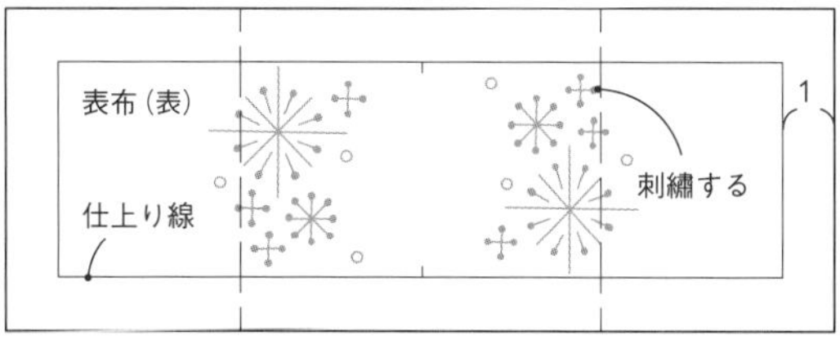

3
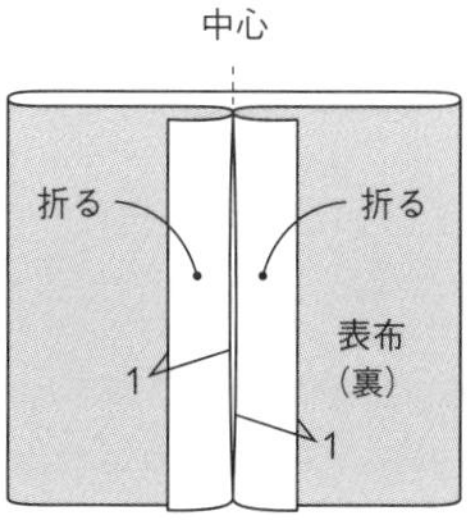

4
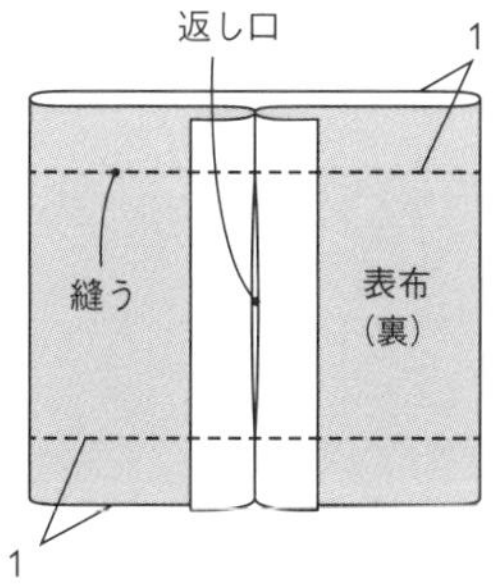

2
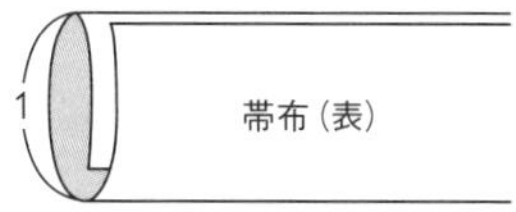

5

6
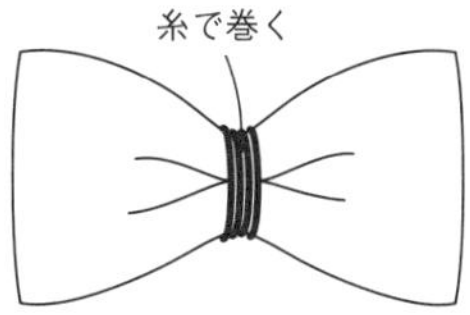

Christmas botanical ring pillow

クリスマスボタニカルのリングピロー〈page 54〉

● 仕上りサイズ：12×12cm
● DMC25番刺繍糸：図案（p.98）参照

【材料】

表布：リネン（白）　35×20cm —— 1枚
サテンリボン（赤）：0.6cm幅32cm —— 1本
手芸わた：適量
ミシン糸（表布と同色）：適量

【作り方】

1 表布に図案と仕上り線（p.98）を写し、下図の仕上り線を書く。仕上り線にはしつけ糸などで印をつけておく。刺繍をしたらアイロンで整え、周囲に縫い代1cmを足して裁つ。

2 表布を中表に二つ折りにし、返し口を残して縫う。

3 2の返し口が中央にくるように折り直し、縫い代をアイロンで割ったら、上下の端をそれぞれ縫う。

4 しつけ糸を取り、返し口から表に返して形を整えたら、手芸わたを詰める。返し口をコの字とじで縫いとじる。仕上げに二つ折りにしたリボンを中央に縫いつける。

1

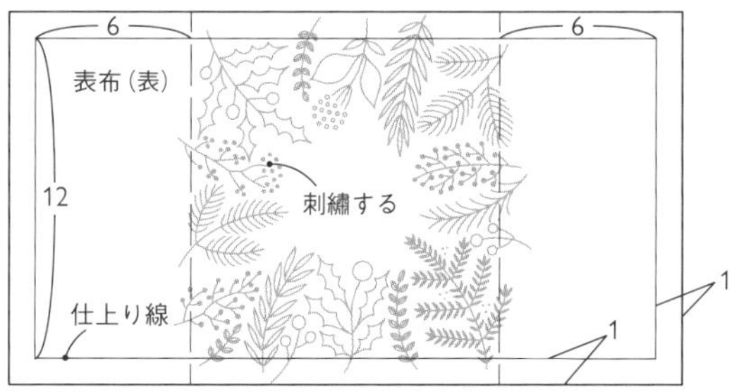

2

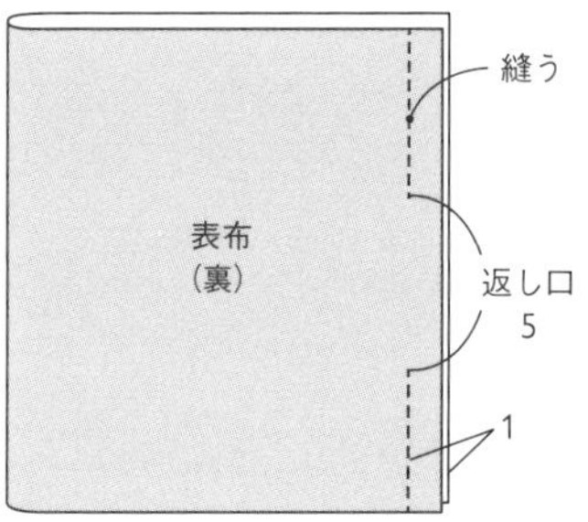

3

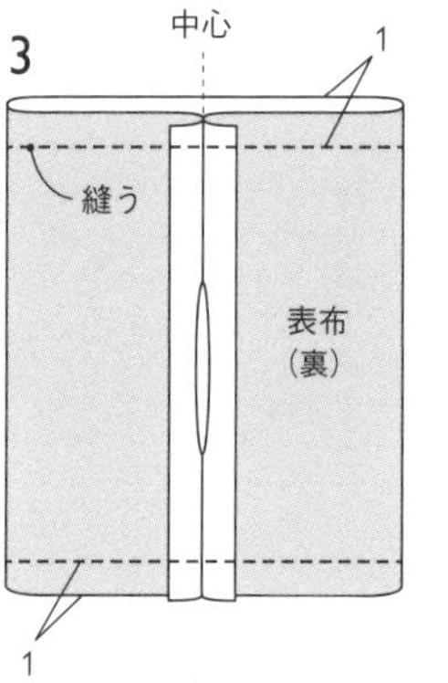

レッスンバッグ図案（p.101）
＊ピアノの刺し方は91ページ

樋口愉美子（ひぐち・ゆみこ）

1975年生れ。多摩美術大学卒業後、ハンドメードバッグデザイナーとして活動。ショップでの作品販売や作品展を行なった後、2008年より刺繍作家としての活動を開始する。植物や昆虫など生物をモチーフにしたオリジナル刺繍を制作発表している。著書に『1色刺繍と小さな雑貨』『2色で楽しむ刺繍生活』『樋口愉美子のステッチ12か月』『刺繍とがま口』『樋口愉美子の刺繍時間』『樋口愉美子の動物刺繍』『樋口愉美子 季節のステッチ』『樋口愉美子 つながる刺繍』（すべて文化出版局）ほか多数。

https://yumikohiguchi.com/　yumikohiguchi

本書は『ミセス』2020年1月号から2021年4月号までの連載をもとに、
新たな作品を加えて構成したものです。

〈材料協力〉

リネンバード
東京都世田谷区玉川3-12-11
Tel.03-5797-5517
https://www.linenbird.com

DMC　Tel.03-5296-7831
https://www.dmc.com

〈撮影協力〉

AWABEES　Tel.03-6434-5635

UTSUWA　Tel.03-6447-0070

〈スタッフ〉

アートディレクション＆デザイン◎関 宙明（ミスター・ユニバース）

撮影◎宮濱祐美子／福田典史（文化出版局）

スタイリング◎前田かおり

ヘアメイク◎KOMAKI（nomadica）

モデル◎オードリー・キディ（Sugar & Spice）

猫◎マリリン（保護猫サロン CAT LIVING）

トレース＆DTP◎藤城義絵

校閲◎向井雅子

編集◎土屋まり子（スリーシーズン）／田中 薫（文化出版局）

樋口愉美子 暮しの刺繍

2023年12月21日　第1刷発行
2024年11月25日　第4刷発行

著　者　樋口愉美子
発行者　清木孝悦
発行所　学校法人文化学園 文化出版局
　　　　〒151-8524 東京都渋谷区代々木3-22-1
電　話　03-3299-2485（編集）
　　　　03-3299-2540（営業）
印刷・製本所　株式会社文化カラー印刷

文化出版局のホームページ　https://books.bunka.ac.jp/